EPÄMATKAKIRJA
Mundele mustassa Afrikassa

Anna-Leena Soininen

EPÄMATKAKIRJA

Mundele mustassa Afrikassa

© 2015 Anna-Leena Soininen
Päällys ja taitto: Books on Demand
Kustantaja: BoD – Books on Demand, Helsinki, Suomi
Valmistaja: BoD – Books on Demand, Norderstedt, Saksa
ISBN: 978-952-318-236-3

Sisällysluettelo

Omistan tämän kirjasen 83-vuotiaalle äidilleni, jonka kieltä puhun ja kirjoitan.

I. MUNDELE KONGON KAMARALLE

1. Miten jouduin Kongoon

Apua, täällä on pimeää! Miten löydän vastaanottajani? Tiesin vain, että jonkun poliisin pitäisi ilmestyä tiedustelemaan minua. Olin unohtanut, että Afrikassa pimenee jo alkuillasta. Ja kun pimeä tulee, se tulee todella. Tallustin tavaroineni lentokentällä samaan suuntaan kuin muutkin. Heikkotehoisia valoja oli harvakseltaan. Kuulin minua kysyttävän, mutta mutta. Nimeni lausuttiin miten kuten ja miespoliisin sijasta vastassa oli kaksi poliisinaista. Voisinko luottaa heihin? Olemukset olivat ystävällisiä ja univormut turvallisentuntuisia, mutta silti. Naisten kyynärpäitä tarvittiin tungoksessa ja hymy tuntui rohkaisevalta jonottaessa. Paikalliskieli auttoi passintarkastuksessa, sillä oma ranskani oli ruosteessa. Poliisienergiaa tarvittiin, että pääsimme kentältä pihalle. En uskoisi todeksi melua, ryysimistä ja ovenkarmien longottelua, ellen olisi kuullut ja nähnyt itse. Kohtasin ystäväni ja hänen seurueensa parkkipaikalla. Olin turvallisesti Kongon kamaralla.

Olen viisikymppinen nainen, en ole saanut elämässä sitä mitä olen halunnut eniten – mutta olen saanut paljon sellaista, mitä en ole osannut toivoakaan. Pari Afrikan matkaani osuu jälkimmäiseen ryhmään. Nuorena en haaveillut edes Italian matkasta lukiokortteerikaverin tavoin, maalaistytön matkailu tuntui tavoittamattomalta unelmalta.

- Eihän nyt meikäläinen mihinkään pääse, tuli sanottua useammin kuin kerran.

Ehkä en edes kaivannut matkailua silloiseen elämääni. Interrailit tulivat välttämättömiksi opiskelun myötä. Ei voinut olla pätevä yliopisto-opiskelija, ellei ollut antautunut matkailun avarrettavaksi.

Kävi niin, että maailman mantereista Afrikka alkoi kiinnostaa minua eniten.

- Miksi juuri Afrikka? joku kysäisikin.

En osannut vastata tyhjentävästi, mutta arvelin, että painavin syy oli läheiseksi tullut suhde afrikkalaistaustaiseen perheeseen. Olin kaivannut muutosta ja hakeutunut tunnustelemaan kontakteja maahanmuuttajiin joskus 1990-luvulla. Menin esittäytymään sosiaalialan opiskelijoiden vetämään äiti-lapsi –kerhoon. Afrikkalaisnainen liittyi seuraani ensi kerrasta, ja jäi. Taipumukseni hakea jotain täysin uutta, erilaista ja siten kiinnostavaa oli Afrikka-valintani taustalla. Luonteenlaatuni mukaisesti sovin paremmin yksiin eläväisten ihmisten kuin kovin hillittyjen ja säännellysti käyttäytyvien kanssa. Afrikkalainen elämäntapa tunnetaan värikkyydestään, musiikistaan sekä laajasta ja lämpimästä perhekäsityksestään. Tällainen kliseinen afrikkalaisuus vetosi minuun. Minusta tuli afrikkalaisperheen pikkupojan mukaan "pikkuäiti". En pitänyt nimityksestä, mutta myöhemmin tajusin, että poika oli osunut lähelle oikeaa.

En empinyt, kun tuli tilaisuus lähteä käymään Kamerunissa. Kamerun ei ole demokratian mallimaa, mutta olot ovat varsin vakaat. Viisumin saanti oli isoin vaikeus. Se piti hankkia Hollannin Haagista, sillä lähetystöä ei ollut lähempänä. Postinkulku kesti, ehdin hommata jo väliaikaispassin, kun entinen saapui komealla viisumilla varustettuna. Ei kun reissuun vaan kamerunilaisystäväni Paulinen ja hänen pikkutyttärensä kanssa. Matkasimme pitkin Afrikan kainaloa heinäkuun sadekaudella.

Selvisin Kamerunista vatsavaivoitta ja malarioitta. Kun tuli mahdollisuus päästä Kongoon, heräsin talvihorroksesta. Kongon demokraattinen tasavalta, entinen Zaire, ja vielä entisempi Belgian Kongo pelotti Kamerunia enemmän (toista Kongoa, Kongon tasavaltaa, entistä Ranskan Kongoa sanotaan Kongo-Brazzavilleksi). Kongo-Kinshasa on isompi, köyhempi, epävakaampi ja siellä on sota. Tosin kohteemme Kinshasa oli kaukana sota-alueesta, mutta attentaateilla voisi olla tehoa juuri pääkaupungissa. Matkustusintoa hyydytti myös se, että ulkoministeriö ei suositellut Kongoon matkustamista.

- Mitä sinä nyt sinne lähdet? Itseäsi tapattamaan.., kotiväki kommentoi.
- Tiedätkö riskitekijät: väkivallan ja sairaudet? ex-puolisokin toppuutteli.
- Tiedän ja pelkään, mutta tämä on luultavasti ainoa mahdollisuuteni päästä käymään Kongossa.
- Kongon vaivat ja vaarat ovat hyötyjä suuremmat, tuli vielä jarrutteleva tekstiviesti.

Minua liikutti huomaavaisuus, mutta halusin ottaa tilaisuudesta vaarin. Kuulosti lupaavalta, että afrikkalaisen ystäväperheeni mielestä minun sopi matkustaa perheenisän vanavedessä. Olin tuntenut perheen toistakymmentä vuotta, Afrikka-kiinnostukseni alkuajoista saakka. Viisumi irtosi nyt Tukholmasta, perheenisä haki omansa ohella leimat minunkin passiini. Rokotuksia piti ottaa itsensä kipeäksi. Keltakuumerokotus oli voimassa onneksi pari vuotta aiemmalta Kamerunin käynniltä. Jätin ulkoministeriölle tiedon matkasta varmuuden vuoksi.

Niin lensin Suomen talven pakkasista Pariisin kautta Kongo-Kinshasaan. Perheenisä, matkakumppanini Richard oli matkustanut jo kaksi viikkoa aikaisemmin lapsuuden perheensä pariin ja valmistelemaan "mundelen" maahantuloa. Tämä ajatus huvitti, tuntui olevan tapaus, että "valkoinen" tulee vapaaehtoisesti Kongo-Kinshasaan. Katukuvassa ei muita mundeleita näkynyt.

13

Kamerun ja Kongo-Kinshasa ovat olleet sen sortin kokemuksia, että halusin kirjoittaa niistä. Afrikka ja afrikkalaisuus lienevät nousussa, kiitos muun muassa jalkapallon ja USAn presidentin, mutta Afrikka on vielä musta monessa mielessä. Siksi haluan sanoa sanani näkemästäni, kokemastani ja ymmärtämästäni – ja myös jostain, jota en ymmärtänyt. Pääpaino on Kinshasan matkassa, mutta peilaan sitä edeltävään Kamerunin reissuun. Etsimättä vertailukohdaksi tulee myös lapsuuteni ja nuoruuteni aikainen Suomi.

2. Kamerunin kiertoajelu, Kongon pääkaupunki

Atlantin aallot Kamerunissa olivat suolaiset ja suloiset. Sisäinen lapsi löytyi meressä ryplätessä. Vesi rentoutti ja maalliset asiat unohtuivat merihiekkakylvyssä. Limben mustat hiekkarannat tekivät pysyvän vaikutuksen! Kamerun-vuori oli värjännyt hiekan purkautuessaan.

Limben lempeät mainingit ja sileä musta hiekka hivelivät hipiää.
Yskäkin parani.

14

Ruokabanaanit kypsyvät kamerunilaistorilla.

Sama Atlantti loiskutti vesiään etelämpänä Kamerunissa Kribin vaaleille hiekoille. Siellä uiminen jäi, sillä vettä tuli tarpeeksi taivaalta, kun sadekausi pani parastaan. Vettä oli teillä, kaduilla ja pihoilla niin, että mieli ei tehnyt mennä ulos. Nahkakengät sain pilalle pienellä pihapasteerailulla. Tyydyimme rantakävelyyn sateen tauottua. Vaalea puhtaus hiveli silmiä ja meren mainingit tuntuivat rauhoittavilta kuin sydämenlyönnit.

Kribin hotellihuone oli pieni mutta asiallinen. Nukuimme kaikki kolme yhdessä sängyssä, iso terassi antoi lisätilaa valveillaoloaikaan. Terassilla oli mukava istuksia ja lueskella, satoi tai ei. Valtameren kumu oli tavallista parempaa taustamusiikkia. Pikkutyttö löysi ystävän, toisen samanikäisen tyttösen, jolla toinen vanhemmista arvattavasti oli musta, toinen valkoinen. Tummaa vanhempaa oli tultu tapaamaan.

- Eikö hotelli anna mitään extraa kaukaiselle vieraalle? Tuskin kukaan Suomesta on majaillut täällä, ystäväni hököili.

Sain kuin sainkin läksiäislahjan: presidentti Paul Biyan isolla kuvalla varustetun ison T-paidan. Olin sen verran harvinainen vieras ja Biyan vaalimainospaitoja oli jäänyt varastoon. Paita on hyvässä tallessa, kotona vanhassa matkalaukussa pitkäaikaissäilytyksessä odottamassa yöpaitavuoroa.

Ajelimme Kamerunissa ystäväni koulu- ja opiskelupaikkakunnilla sekä sukulaisissa. Paulinen nuoruudenystävä Doualasta, Kamerunin talouselämän keskuksesta, oli antanut käyttöömme jeeppinsä ja järjestänyt autonkuljettajan. Pääkaupunki Yaounde hiekkakatuineen ja kukkuloineen tarkastettiin Kribin jälkeen. Katuja ei ollut nimetty, joten paikallisopas tarvittiin aina kun halusimme kaverini tietämän alueen ulkopuolelle. Piti osata varoa presidentti Biyalle pyhitettyä kadunpätkää, sitä eivät saaneet ajaa autolla muut kuin hän. Kevyempi liikenne presidentin kadulla sai sentään liikkua.

Nuorukaiset möivät viidakkoveitsellä mestaamaansa käärmettä ruuaksi Yaoundeen menijöille. Turistit tyytyivät ihmettelemään.

Majoituimme autoretkellä useimmiten Paulinen kamerunilaisystävän tuttavissa. He olivat enimmäkseen Jehovan todistajia, avuliaita, rehellisiä, kunnon ihmisiä, kuten doualalais-emäntämmekin. Autonkuljettajan piti hoitaa majoittumisensa itse. Yaoundessa yövyimme isossa hyväkuntoisessa, selvästi varakkaassa talossa, jonne olisi autokuskikin mahtunut. Oma huone ja yö yksin sopi suomalaiselle enemmän kuin hyvin. Talolta avautui fantastinen näkymä kaukaisille kukkuloille, mutta en saanut näkyä tallentumaan filmille, utua oli sen verran.

Bangantéssa poikkesimme myös isoon taloon tuomaan emännälle siskon terveiset Suomesta. Nautimme sikäläisen mainion päivällisen punaviinin kera, ja autonkuljettajakin sai syödäkseen. Perheenisä oli kor-

17

keassa asemassa kaupungissa ja selvästi perheenpää. Perheeseen kuului kolme teini-ikäistä lasta ja 4-vuotias kuopus. Talon koko, isompien lasten opiskelu ulkomailla sekä miehen puku- ja kauluspaitapukeutuminen kertoivat elintasosta. Minun ranskantaitoni ei ollut avautunut, joten kiinnitin huomioni perheen pikkupoikaan, Junioriin.

- Jää tänne leikkimään minun kanssa, poika puheli toisten mentyä pihalle.

Kun ämpyilin, poika nappasi talon oven lukkoon, eikä päästänyt minua ulos. Vähin erin joku pihan puolelta älysi avata oven. Kun huvittuneena kerroin tapahtuneesta, poika sai toruja, ei kuitenkaan kovin ankaria. Isäntä oli toppuutellut häntä jo sisällä sen verran, että arvasin ruumiillisen kurituksen olevan käytössä.

Bafoussamissa majoituimme kuulemma tavallisen perheen omakotitaloon. Yövyimme pikkukamarissa kapeassa siskonsängyssä: kaikki kolme leidiä vierekkäin, tyttö-parka meidän kahden aikanaisen puristuksessa. Vaatimattomasti elintasosta kieli lähinnä kylmä suihkuvesi ja illanhämyissä öljylamppu, joka toi lapsuuden sähkökatkot mieleen. Olohuoneessa oli viihde-elektroniikkaa televisiosta alkaen, niin kuin meilläkin kotona. Sisustustyyli poikkesi suomalaisesta. Taulut ja valokuvat olivat ylhäällä seinillä, kun taas muut esineet, koristeet ja tarvekalut olivat matalalla aivan lattian tuntumassa. Alakerran internetkahvila oli nykyaikaa. Lähetin kotimaahan pari sähköpostia, vaikka ajattelin, etten tullut Afrikkaan nettiä käyttämään. Epäafrikkalaiselta tuntui kuuden lapsen äidin ja lesken, nuoren oloisen emäntämme juoksuharrastus. Hän hölkkäsi aikaisin aamulla ennen auringon porotusta.

Bafoussamista käsin kävimme Bamendassa, joka on englanninkielistä aluetta. Tokaisin seurueelle:

-   Kunpa puhuisivat ranskaa, että minäkin käsittäisin!

Huvitti, että olin niin tottunut kuulemaan ranskaa, etten ymmärtänyt paikallista pidgin-englantia. Ohjelmaan kuului, että tapasimme Paulinen Suomessa asuvien kavereiden perheenjäseniä ja toimme terveisiä. Hain seuraa taas pienimmistä. Muutaman vuoden ikäinen, ihastuttava Theo-poika suostui juttuun kanssani, mutta pikkuveli, vähän nuhanunnu, vierasti valkoista naista.

Dschangin kaupungissa vierailimme sukulaistalossa. Kaupungin nimi ja vuoristoinen rehevä maisema toivat Kiinan mieleen, vaikka en ole Kiinassa käynytkään. Talo vaikutti isolta, rivitalon tapaiselta, jossa asui myös vuokralaisia. Asunto oli hämärä ja seinät näyttivät kosteilta. Täälläkin perheenjäsenten kuvat oli ripustettu seinille korkealle.

Näkymä Kamerunin Dschangista. Tästä matka jatkui keskeneräistä tietä omalla vastuulla Doualaan.

Foumban oli pohjoisin paikka Kamerunin kiertueellamme. Siellä arabi- ja islamilaiskulttuuri oli jo havaittavissa. Tutustuimme asiaankuuluvasti paikalliseen historialliseen palatsiin. Isoin intohimomme kohdistui kuitenkin alakerran kauppiaiden tuotteisiin. Takaisin Atlantin tuntumaan Doualaan ajoimme keskentekoista tietä. Reitistä ei olisi selvitty ilman maasturia. Välillä meitä takapenkin tyttöjä pelotti, mutta autonkuljettaja osasi asiansa. Kuljettaja ajoi hyvillä osuuksilla sivuikkuna selällään kyynärpää ulkona, vaikka autossa oli ilmastointi. Jossain vaiheessa alkoi tuntua viileältä. Päätin, etten esitä mitään toivomuksia, saati vaatimuksia. Kaikenlaista oli esitetty viikon aikana kylliksi. Sain yskän reissutuliaisiksi.

Viikon olimme Paulinen nuoruudenystävän hoivissa Doualassa. Kyllä kelpasi, suuressa uudessa talossa! Tyttö nukkui emännän makuuhuoneessa, me kaverukset toisessa makuuhuoneessa. Atlantin rannikolla oli lämmintä ja kosteaa, mutta Doualassa ei juuri satanut (Kamerunin sisämaassa oli Suomen kesän lämpötila). Kerran kaupungille lähdettäessä päätin hieman ehostaa itseäni.

- Anna-Leena, sinä et osaa meikata! Minun pitää opettaa! pikkutyttö ojensi, sillä ripsiväri oli töhrääntynyt hikoillessa pitkin silmäluomia.

Kamerun-vuoren katselupäiväksi ajateltu sunnuntai oli pilvinen, joten yli 4-kilometrinen komeus oli sumun peitossa ja jäi ensi kertaan. Vatsankurinaan sentään auttoi savukala, kun emäntämme poikkesi totutusti ostoksille nigerialaisten ja ghanalaisten kalastajien kansoittamaan kylään. Matkan varren puutarhasta hän sai vielä kasvin lisää talonsa pihaan, banaania hänellä jo yksi puu kasvoi.

Niin Kamerunissa kuin Kongossakin viivyin pari viikkoa. Kinshasassa rahkeet eivät riittäneet provinssien näkemiseen, pysyttelimme suur-

Kinshasan alueella. Minusta kaikki vaikutti samalta kaupungilta, jota koluttiin ristiin rastiin. Sielläkin tapasin matkakumppanini perheenjäseniä, muita sukulaisia ja ystäviä. Kinshasassa oli kuumempaa kuin Kamerunin sisämaassa ja kuivempaa kuin Kamerunin rannikolla, vuodenaikakin oli toinen. Kinshasassa oli koko ajan pieni hiki. Kevytkin puuhastelu nosti ison hien iholle niin, että vesi tippui nenänpäästä. Jos mahdollista, pysyttelimme varjossa. Kinshasasta tuli tuntuma, että siellä kaikki asiat olivat jotakuinkin toiseen potenssiin verrattuna Kamerunin kaupunkeihin.

3. Ensikosketus

Kinshasaan tuliaisiksi olin ostanut Ikeasta moskiittoverkot, halvat ja hyödylliset – niin hyvä idea! Mutta ne eivät mahtuneet matkalaukkuuni. Vanhemmalle väelle oli viemisiksi Tiimarin lukulaseja, Richardin vanhalle isälle suurennuslasi, sisaruksille Lindexin käsilaukkuja, muille sukulaisille lakanoita ja pyyhkeitä. Kirjoittamattomaan YYA-sopimukseemme kuului, että vien mukanani paitsi perheelle tuliaisia myös matkakumppanilleni tarpeellista tavaraa. Tavaraa oli! Kameruniin läksin heinäkuussa puolityhjän kassin kanssa, minkä ystäväni pani heti kentällä merkille. Kongoon matkustaisin tammikuussa ja vaatemäärä oli sen mukainen, lisäksi tarvitsisin perillä hellevaatteita ja tietysti toilettitarvikkeita sekä ajanvietettä. Onneksi tuttavapiiristä löytyi Afrikassa jo kertaalleen käynyt jättimatkalaukku, joka nieletti malarianehkäisyverkot ja paljon muuta. Suljin mustan jätin nielun vetoketjulla, niittasin kiinni pysymisen Clas Ohlsonilta ostamallani pikkulukolla. Näin Pauline oli opastanut edelliselle Afrikan lennolle lähtiessä.

Hain saattajan aamuhämärissä Korsosta ja kyyditsimme itsemme kentälle. Lähtöselvityksessä roplasimme laukkujen lukot, kiinni ne olivat.

21

Saattomies lähti jatkamaan uniaan ja lupasi tulla parin viikon kuluttua kentälle vastaan. Minä touhusin turvatarkastukseen ja kehittämään Afrikkaan menotunnelmaa, Finnairin kone Pariisiin, ei hassumpaa. Ehdin torkahtaa lennolla välipalan jälkeen, mutta Pariisin kentällä jouduin tositoimiin. Oli hoppu, sillä vaihto Kinshasan koneeseen oli tiukka. Löysinpä löysinkin oikealle portille Charles de Gaullen mammuttikentällä. Jono oli kentänmukainen! Hermostutti, mutta huomasin, että samassa jonossa oli Doualaan menijöitä ja Kamerunin koneen lähtö oli samalla kellonlyömällä.

Turvatarkastus noudatti pykäliä Pariisissa, mutta ei ollut niin turhantarkka kuin Helsingissä. Meitä työnnettiin eteenpäin liukuhihnatyyliin. Soitin ystävälleni Suomeen tilannetiedotusta lentokenttäbussista, silti töllistelyyn jäi aikaa, odoteltiin ties ketä tulevaksi. Kyydissä oli eurooppalaistuneita afrikkalaisia, entisiä ja nykyisiä kongolaisia. Joukossa oli joku nainenkin, zairelaisittain viimeisen päälle viimeistelty. Bussiväki koostui enimmäkseen toinen toistaan tyylikkäämmistä miehistä, jotka olivat liian hienoja vaatimattomuuteen kasvatetun mielestä. Yksi oli erilainen, kenkiä myöten kirjavasti pukeutunut nuori mies. Hän näytti alkuperältään kongolaiselta, mutta laatupuvun sijasta hän oli pukeutunut rennosti. Oli värillistä pusakkaa, kuviollista pöksyä ja kerrassaan kukertavat tennarit, jotka oli solmittu vitivalkoisilla nauhoilla. Tukka oli alistettu pikkulettien avulla helposti kannettavaan muottiin. Tutkin poikaa niin julkeasti kuin ilkesin, kiireestä tossun kärkiin. Mies oli nuorenoloinen mutta kuitenkin aikuisiässä. Hän vaikutti hitusen säälittävältä kirkkaine vaatteineen. Kun olin ehtinyt arvioida bussissa olijat, bussi nytkähti liikkeelle – ja ajoi ja ajoi.

- Tälläkö Kinshasaan mennään? yhden hienoherran kanssa kerettiin siunailla.

Lentokenttäbussilla ajettiin kilometritolkulla, mutta tämä olikin Afrikan lennolle lähtö. Kongon kone löytyi lopulta tasamaan serpentiinin jälkeen. Kun rykötin koneessa ikkunapaikallani, mieleeni laski rauha ja hymy pyrki huulilleni.

- Aikataulussa ollaan! soitin iloissani Richardille Kinshasaan.
- Tuo minulle lennolta yksi punaviini, oli hänen asiansa.

Kun kone starttasi kiitoradalla, hymyä ei ollut enää pitäminen. Kun noustiin ilmaan, olisin nauranut ääneen, jos olisi ollut matkaseuraa. Elämäni pieniä, tai ehkä suuria, nautintoja on lentoonlähtö. Air Francen serveeraus on erinomaista, he tietävät sen itsekin. Ruoka oli hyvää ja juomaa sai vapaasti. Söin hyvin ja join kohtuullisesti. Muistin punaviinitoiveen, mutta viiniä ei myyty koneen tax-freessä. Ihmettelin, mutta mitään ei ollut tehtävissä. Liikkuessani tulin kuitenkin vaihtaneeksi pari ranskan sanaa afrikkalaistyyliin letitetystä tukastani.

- Hyvät naiset ja herrat, laskeuduimme Brazzavilleen, lentoemäntä kuulutti, kun taivastaival oli taittunut.
- Anteeksi, Kinshasaan Kinshasaan hyvinkin tässä tähdätään, korjaus tuli heti perään.

Ymmärsinpäs naisstuertin ranskaa! olin hyvilläni, vaikka vatsassani ehti pörähtää perhonen. Saatoin jatkaa tyynesti Kinshasan himmeän valomeren silmäilyä. Se jäi mieleen turvallisuutta herättävänä, ihmisen kokoisena, laveana vaan ei korkeana. Kun astuin koneen ovelle, lempeä lämpö ympäröi ja silmät joutuivat totuttelemaan hämärään. Mieleen juolahtanut ajatus hymyilytti ja mutisin ääneen, sillä ymmärtäjistä ei ollut haittaa:

- Tulenko nyt mustaan vai pimeään Afrikkaan..

Passintarkastukseen jonottaessani joku kosketti rysyssä, lentokoneen takapenkkiläinen toi pipoani ja kintaitani! Ne olivat tippuneet myllätessäni vaatteita talvisista kevyempiin. Talvitamineita tarvitsisin taas parin viikon kuluttua.

Koneessa ei ollut jaettu turistien rekisteröitymislappuja, enkä osannut sanoa passintarkastuksessa osoitetta, jonne majoittuisin. Kun mongersin ranskaksi jotain ystävästäni, joka odottaa minua, saattajapoliisi pelasti lingalallaan. Minut johdateltiin tyhjänä pyörivän matkalaukkujakelun ohi tapaamaan kaveriani. Suojattuna pääsin kuin pääsinkin pursuavasta oviaukosta pihalle. Olisin järkyttynyt mökästä, tungoksesta ja hiestä, ellen olisi laskeutunut pari vuotta aikaisemmin kenttäremontissa olevaan Doualaan. Siellä matka-askijakelu toimi, kovaäänisin, lihaksikkain ja rahakkain pärjäsi.

Tapasin valkoiseen kevyeen kesäasuun pukeutuneen Richardin Kinshasan kentän pihalla. Vastaanottoseurueessa oli perheenjäseniä ja autonkuljettaja. Tapahalasin kaverini kanssa, annoin käsipäivää ja vaihdoin ranskankieliset avainfraasit (jotka osaan lausua ranskan taitooni nähden hämäävän hyvin) sukulaisten ja kuskin kanssa. Tungeksin meluovesta takaisin sisään poliisirouvan peesissä ja parkkeerasin matkatavarain jakeluhihnan ääreen. Kyynärpäätaktiikkani on heikosti kehittynyt, joten menetin asemani. Poliisi siirsi minut tyystin sivuun, ja joku kentän työntekijä valjastettiin vahtimaan laukkujeni saapumista. Jouduin antamaan miehelle lentolippuni, sillä niissä olivat askieni matkustuskoodit. Hermoilin, menetänkö lentoliput kassirytäkässä, mutta miten muuten hän olisi tunnistanut mustan ison laukun kaikkien muiden mustien isojen joukosta.

Jouduin kehittelemään suonikohjuja hyvät ajat, askeja vain ei kuulunut. Ihmiset löysivät omansa ja poistuivat paikalta enemmän tai vähemmän huojentuneina. Tungos ja meluisuus hellittivät, samat nyt jo harvat matkatavarat pyörivät hihnalla, minun kassejani vain ei näkynyt. Lopulta joku hoksasi paperin seinällä. Siinä oli listattuna, keiden matkatavarat eivät olleet tulleet. Sinne päin minun nimeni oli kirjoitettu. Etsijämies pyysi 10 US-dollaria, mutta kieltäydyin, enhän ollut saanut laukkujani. Näin perustelin itselleni, vaikka äkeyteni kadutti heti.

Poliisileidi johdatti tiskille, jossa saapumattomat matkalaukut dokumentoitiin. Kirjoitin lukulasit hikisellä nenällä liukuen paperiin nimiä ja yhteystietoja Kinshasassa. Älysin panna Richardin puhelinnumeron, itse tuskin tolkkuaisin ranskaa puhelimessa. Lopulta pääsin ulos ja vajaaseen valoon, matka kohti varsinaista kaupunkia ja mustaa Afrikkaa voisi alkaa. Ensin tosin piti antaa kaksi 10 US-dollarin seteliä Richardille, joka antoi ne edelleen naispoliiseille. En tiedä miksi, mutta Richard oli ohjeistanut protokollan ennakkoon minulle näin. Ehkä siksi, että nimenomaan hän oli tehnyt sopimuksen naisten kanssa. Kauniit, komeat naiset, perheelliset vatsanseudusta päätellen, pehmeyttä pursui poliisiunivormun housunkaulukselta, kiittivät nätisti. Toinen nainen oli suhtautunut minuun äidillisen lempeästi, eikä toisessakaan ollut valittamista.

Matkaan kentältä keskustaan, ei ihan vielä. Vartiosotilaille piti antaa dollareita kentän portilla, että pääsimme poistumaan alueelta. Mustia ihmisiä riitti kentän pihalla, sen ulkopuolella ja tienvarsilla.

- Putain! Richard kirosi ranskaksi.

Teiden laadusta sain heti käsityksen, kun autonrengas hajosi. Matkalaiselle tämä oli eduksi, pääsin tienvarren kojubaariin paikalliselle punalimsalle. Kamerunissakin tuote tunnettiin ja pikkutyttö latki sitä siellä, niin kuin äitinsäkin aikoinaan. Olisin näyttänyt punaista kieltäni – ilosta, ellei olisi ollut niin pimeää. Nautin hetkestä, tropiikin lämmöstä, turvallisentuntuisesta tummuudesta. Sukulaiset tekivät alustavia tunnustelukysymyksiä. Ranskantaitoni oikea laita alkoi paljastua. Richard soitti rouvalle Suomeen ja minäkin pääsin puhelimeen. Sain toruja hifi-kännykän huolettomasta pidosta varkaiden vaarassa, mutta olin jo vähän oppinut afrikkalaiseksi.

- Täällä ollaan! Ei ongelmia! Mites siellä? nauroin ääneen.

Matka jatkui autonkuljettajan saatua likaisen työn tehdyksi. Tienvarsilla oli Kamerunista tuttuun tapaan kojuja, nuotiotulia, syötävää, juotavaa, myytävää. Valot lisääntyivät ja tihentyivät, saavuimme Kinshasan keskustaan.

- Missä se minun punaviini on? Richard kysäisi.
- Koneessa ei myyty punkkua, siunailin hänelle.
- Merde, tarkoitin, että ota pikkupullo koneesta – niitä, joita siellä tarjoilun yhteydessä auliisti jaetaan, hän täsmensi. Ensi kerralla muistan!

4. Majatalo

Autonkuljettaja kaarsi tumman peltiportin eteen lentokentän kaaoksen, kuhmuraisen tien ja keskustan himmeiden katujen jälkeen. Rautaisessa umpiportissa oli kuin olikin ihmisen mentävä aukko. Joku avasi oviaukkoa sisältä päin. Majoituimme belgiankongolaisen rouvan talolle, josta hän vuokraa huoneita käypäläisille ja asuu itsekin yhdessä huoneessa Kinshasassa oleskellessaan. Piha oli pienehkö ja asfaltoitu, kukkasia tai kukkapenkkejä ei ollut. Kivinen piharakennus oli mahtunut taloa ympäröivien muurien sisään. Yksikerroksinen kivitalo oli aidattu parimetrisellä sementtiseinällä. Vesipiste oli pihavajan yhdessä kulmauksessa berliininmuurin kupeessa. Siinä pesimme käsiä tuon tuosta. Huussi pihan perällä tuntui olevan satunnaisille vierailijoille.

Talo oli kai tavallinen tai ehkä tavallista isompi ja parempikuntoinen omakotitalo, joka toimi osin majatalona. Omistajarouva saapui talolle myöhemmin illalla ja esitteli itsensä maman Marietteksi. Ensimmäisissä vastaanottajissa olivat ystäväni äiti ja majapaikan muutamat palkolliset ja asukkaat. Merkittävin oli Richardin äiti Charlotte, jo vanhempi nainen, joka odotti uteliaana mundelen tuloa. Yhtäläisyyksiä haettaessa häntä pidettiin sisareni Karoliinan kaimana. Jos pojan vaimo ei saapunutkaan Suomesta, suomalainen alkuasukas saapui kuitenkin. Vaikka mundele ei ollut sinisilmäinen ja blondilukkainen, olipa sentään vaaleaihoinen eurooppalainen ja aito skandinaavi.

- Bonsoir. Ca va? Merci bien, sanoin perustervehdykset läsnäolijalle, jokaiselle terassilla iltaa istuvalle vuorollaan.

Meidän Suomesta tulleiden lisäksi majapaikassa oli kaksi muuta majoittujaa: Pariisin kongolainen mies vaimoineen. Huomasin, että Richard esitteli nuoren rouvan vasta tämän pyydettyä. Talon käytänteistä vastaaville piti luonnollisesti pokata päivää. He olivat paikallisia nuoria miehiä. Toinen poika vastasi kokonaisuudessaan talosta ja muun muassa siivouksesta, toinen teki pikkuasennuksia ja -korjauksia sekä juoksi emännän asioilla. Pojat asuivat kortteerissa piharakennuksessa.

Terassi tuntui olevan keskeinen paikka. Sen kylkiäisenä oli keittiö, joka näytti olevan vain ruuanvalmistamiseen, ei ruokailuun – terassilla syötiin. Mundele saateltiin olohuone-salongin kautta omaan huoneeseensa ja opastettiin käyttämään kylpyhuonetta käytävän perällä. Ei niissä juuri ollut eroa kotimaisiin vastaaviin. TV, sohvat, nojatuolit ja ruokapöytä olivat olohuoneessa. Majoitushuoneessa oli sänky, matka-TV ja komero, jonka ovet eivät pysyneet kiinni. Kylpyhuoneessa oli kunnon amme, pakolliset WC-kalusteet ja pyykkikone, joka pauhasi kotoisasti. Kolme muuta huonetta, joista yhdessä omistaja-maman asui

27

itse, olivat käytävän varrella. Lähimmäs kylppäriä olivat päässeet ensin tulleet, Richard ja Pariisin mies rouvineen.

Vaatteita olisi pitänyt vaihtaa, mutta sain pärjätä Suomi-ilmaston farkuissa ja T-paidassa, sillä hellevaatteet olivat vielä tulomatkalla. Sovittelin siistiytymistä suihkulla ja ystäväni lainapyyhkeellä, hammasharjan olin sentään älynnyt pakata käsimatkatavaroihin. Sitten kuului palata terassille toisten seuraan. Ensimmäinen ateria Kinshasassa à la maman Charlotte oli ohjelmassa. Jännitin ja sopertelin Richardille:

- Mitenhän tujakkaa sapuskaa emäntä on laittanut..

Yllätyin. Ruoka ei ollut pippurista, chilillä kuumennettua tai muuten mausteista. Olisiko Richard valistanut tai hänen rouvansa puhelimitse? Pauline-rouva oli vahtinut Kamerunissa paikanpäällä, että pikkutytön ja minun ruoka oli maltillisesti maustettua. Doualassa kokki valmisti toiveidemme mukaista ruokaa, pippuria ei ollut ripaustakaan liikaa ensi aterian jälkeen. Maman Charlotten eväs oli ensimmäisestä kerrasta alkaen mietoa mutta silti paistetussa kalassa ja ruokabanaanissa oli makua. Nautin hyvällä halulla ensi-illalliseni Kongon pääkaupungissa illan pimeässä, terassin lämmössä, herttaisten tai ainakin kiinnostuneen tuntuisten ihmisten ympäröimänä.

Ilta oli pilkkopimeä, mutta sähkövaloa tuntui riittävän. Keskustelu vaan ei käynyt kovin pitkään ja vuolaasti. Vaatimaton ranskan taitoni oli paljastunut. Matkan vaivat ja Helsingin aikainen aamuherätys painoivat mundelea yöpuulle. Päivä oli ollut vaiheikas, silmäluomet alkoivat lumpsahdella. Eevanasu kävi yöasuksi, sillä lämmintä riitti. Tuuletin leyhytti ilmaa, pelkän lakanan alla tarkeni hyvin. Ikkunaluukut pantiin yöksi kiinni, kai moskiittojen takia. Metallikalterit oli taottu karmeihin, pahat mielessä ei pääsisi helposti sisään.

En jaksanut kuunnella kumuja naapurihuoneista ensimmäisenä yönä. Äännähdykset olivat maltillisia myöhemminkin tai kielitaidottomuus suojasi korviani. Häiriöistä olisi ollut hankala valittaa, sillä maman Mariette piti ääntä isoimmin. Hän saattoi jutella kuuluvasti jonkun kanssa huoneessaan, useimmiten puhelimessa. Nämä huoneet olivat makuuhuoneita, vieraat tavattiin julkisemmissa tiloissa. Toistuva aamuherätys tuppasi hymyilyttämään:

- Audré! maman Marietten mylvähdys kiiri.
- Oui maman, juoksupojan kuului sanoa ja saapua kuulolle pikimmiten – emännällä oli asiaa.

5. Bodyguard

Monta ihmistä oli maan tavan mukaan vastaanottajissani Kinshasan kentällä. Kaksi viikkoa aikaisemmin saapuneen matkakumppanini sukua oli tullut mundelea vastaan ja ihmettelemään. Kaverini nuoruusvuosien ystävä oli lainannut autoaan, joka oli iso ja tumma, Toyota Carina varmaan. Se oli täynnä viimeistä paikkaa myöten, kun kyyti lähti N'Djilin kentältä kaupunkiin.

- Mon nom, c'est Anna-Leena, osasin sanoa kankeasti nimeni ranskaksi tavanomaisten tervehdyskohteliaisuuksien lisäksi.

Väki puhui keskenään lingalaa, mundelelle ranskaa ja sitäkin liian nopeasti. Seurueessa oli pienikokoinen nuori mies. Hän oli kaita kaikella tavalla: kapeakasvoinen, hoikka, oikeastaan hintelä. Valaistulla majatalon terassilla näki, että hän oli pukeutunut rennosti mutta tyylikkäästi. Vaaleat housut, paita ja lippis. Housuissa oli kuvioita, paidassa kirjailuja ja kimallustakin. Hiukset oli leikattu sopivaan muottiin ja lyhyt o-parta viimeisteli kasvot.

Kaverini selitti minulle, että poika oli hänen serkkunsa, joka oli huolehtinut kaikki kuluneet vuodet hänen, Eurooppaan päätyneen äidistä – ilman mitään korvausta ja sellaista odottamatta. Vähitellen ilmeni, että tädillä ja veljenpojalla oli poikkeuksellisen lämmin suhde. Henkilökemia toimi ja jutut kävivät yksiin. He nauttivat toistensa seurasta usein leikkiä laskien ja he myös huolehtivat toisistaan, melkeinpä enemmän kuin itsestään.

Kamerunin reissulla kävi selväksi, että liikkuminen kaupungilla on helpointa paikallisen seurassa. Kysyin ystävältäni, voisinko tulla Doualaan silloisen mieheni kanssa. Matkakumppanini mukaan Doualan vilinässä olisi voinut liikkua eurooppalaisparivaljakollakin, kunhan mitään näkyvää arvokasta ei ollut mukana. Korut tai käsilaukut ovat Kamerunissakin kysyttyä tavaraa, ainakin torin tungoksessa.

- Valkoinen nainen käsilaukkuineen on pantu merkille. Pitäkää varanne! Doualan torikauppiaat varoittivat.

Tämän jälkeen minua kuljetettiin olkavarresta puristaen ja se oli sekä liikuttavaa että ärsyttävää. Kinshasassa saattaja oli vielä enemmän tarpeen kuin Kamerunissa. Mundelena kaupungilla liikkumista en päässyt kokeilemaan, sillä sain luottoserkun "bodyguardikseni". Hyväksyin mukisematta bodyguardin, jonka kanssa liikkuisin kaupungilla, ellen ystäväni kanssa tai isommassa seurueessa. Vaikkei pelkäisikään päällekarkausta, on helpompi hengittää, kun ei tarvitse olla koko ajan hoksottimet teroitettuina: voi vain katsella muukalaisena ympärilleen tai vaikkapa vastailla paikallisten kysymyksiin. Silti minua kehotettiin pitämään silmät auki ja käsilaukusta kiinni.

Toisaalta en olisi osannut mennä Kinshasassa minnekään ilman saattajaa. Karttoja ei ollut kuin matkakirjassa summittaisia. Ymmärrän suuntia kohtalaisesti, mutta Kinshasassa ne eivät tulleet selviksi koko aikana. Mundele olisi jäänyt myös kyyditä. Olen heikko isossa joukossa ja kyynärpäiden käytössä, Kinshasassa olisin odottanut pirssiä odottamasta päästyäni. Käsikynkkään ei tarvittu kaapinkokoista karpaasia, pääasia oli paikallisuus. Se oli viesti pahoin aikein lähestyville ja muutenkin rauhoitti ympäristöä. Bodyguard olisi voinut olla joku kaverini siskoistakin, mutta he olivat kiinni töissään ja perheissään. Serkkupoika teki uhrauksen ja jätti oman pikkufirmansa pyörityksen minimiin minun matkani ajaksi.

Serkku ei odottanut välttämättä kummoistakaan korvausta palveluksistaan. Hän halusi ehkä vain auttaa Suomen-serkkuaan ja tämän suomalaiskaveria. Poika otti oleskeluni mahdollisesti tietynlaisena turistina itsekin, kun näytti kotikaupunkiaan mundelelle. Hän taisi saada pientä näkyvyyttä katukuvassa ja pisteitä etenkin omassa kaupunginosassaan liikkuessaan eurooppalaisnaisen kanssa. Huutelu kuulosti siltä kotikorttelissa Victoirella.

Poika oli esitelty minulle kiittävin mainesanoin. Nuori mies oli miellyttävänoloinen, joten hänen seurassaan oleminen tuntui jokseenkin luontevalta. Hän ymmärsi minun ranskanrääkkäystäni ja pystyimme keskustelemaan auttavasti. Poika osasi selittää riittävän yksinkertaisesti ja hitaasti paikallisia asioita ja kommentoida eurooppalaista menoa, jota hän seurasi TV:n välityksellä. Opiskelimme joutohetkinä suomea ja lingalaa ranskan avulla. Läksiäisiksi annoin bodyguardille ranskankielisen kirjan Suomesta, hänellä olisi sille käyttöä.

Bodyguard kuului käyvän kirkossa sunnuntaisin perheenjäsentensä kanssa. Kysyin hänen uskontokuntaansa. Se kiinnosti minua, sillä tuntemissani kamerunilaisissa on Jehovan todistajia, helluntailaisia ja bahai-uskonnon edustajia. Hän kertoi olevansa protestantti ja vaikutti vahvalta uskossaan.

31

- Mikä on ihmiselle mahdotonta, se on jumalalle mahdollista, bodyguard sanoi pariin otteeseen.

Kinshasassa oli tavallista, että seurueen jäsen nappasi kiinni kädestä, kun leveää ruuhkakatua ylitettiin tai kun edettiin ryysiksessä kauppapaikoilla. En hätkähtänyt pojan taluttaessa minua kiperissä paikoissa.

- Miten bodyguardin kanssa on sujunut? Richard kysyi parin Kinshasa-päivän jälkeen.
- Tosi hyvin, mutta pikkuisen kiusaannuttaa, kun poika pitää minua kädestä kiinni koko ajan kulkiessamme.
- Ole hyvilläsi, että joku huolehtii sinusta niin hyvin, matkakumppani toruskeli. Niin minä sitten olin.

II. TUTUSTELUA JA RETKIÄ

6. Sukua terassin täydeltä

Ensimmäinen kokonainen päiväni Kinshasassa oli sunnuntai. Jouduin ähöttämään farmareissa ja puuvillapaidassa, kevyemmät vaatteet olivat edelleen tietämättömissä. Oleilimme varjoisalla terassilla aamiaisen syötyämme. En ymmärtänyt ohjelmasta, mutta vähin erin ystäväni perheenjäseniä alkoi saapua tervehdykselle. Ensinnä ehtivät kaverini jo kauan sitten kuolleen veljen lapset, teini-ikäiset tyttö ja poika. He kävivät lukiota Kinshasassa. Richardin äiti, joka ei ole lapsille sukua, valmisti heille ruuan. Tyttö söi hyvällä halulla, pojan syöminen oli vaikeampaa, häntä ujostutti syödä meidän aikuisten silmien alla. Niin vain afrikkalaisnuorikin voi olla ujo.

Terassi alkoi täyttyä, kun Richardin pikkusisko tuli ja mundelelle uusi tuttavuus isosisko, jota pidettiin kaimanani. Hänen nimensä on Hélène. Pikkusiskolla oli perhettä, mutta isosisko oli jäänyt tai jättäytynyt naimattomaksi. Hän oli reilusti yli neljäkymmentä – päättelin siitä, että perheellistymistä, siis lastensaantia ei pidetty enää mahdollisena. Häntä vaivasi jokin nivelsairaus, ehkä reuma. Sormet ja polvet olivat vääntyneet ja hän liikkui vaivalloisesti. Silti hän lähti minua kävelyttämään ja lähiympäristöä katsomaan. Kaimasisko vei minua kädestä pitäen. Katsastimme kyytien kytistyspaikan ja tutuksi tulevan huoltoaseman. Pari tuttua kasvoa oli odottamassa autoa rampilla keskellä valtaväylää.

- Salut! ymmärsin vilkuttaa oikeaan osoitteeseen tunnistettuani äsken kyläilleet nuoret väenpaljoudesta.
- Au revoir! sain vastavilkutuksen.

Pikkusisko-täti oli heitä saattamassa ja palasi terassille, niin kuin mekin isosiskon kanssa. Terassille saapui myös bodyguard ja toinen nuori mies, joka päivän mittaan ilmeni yhdeksi Richardin nuoremmista veljistä. Majapaikan nuorukaisista jompikumpi juoksi vieraille olutta ja limsaa lähimmästä kioskista. Kukin sai halunsa mukaan ja matkakumppanini maksoi.

- Tämä on afrikkalainen perhe, Richard naurahti jossakin vaiheessa sisaruksia esitellessään.

Isä, papa, oli saanut ensimmäisen vaimonsa kanssa neljä lasta: kaksi tyttöä ja kaksi poikaa, joista toinen oli kuollut aikuisena. Papan vaimo oli kuulemma ollut hankala tai ihan paha. Niin papa oli mennyt yksiin Richardin äidin kanssa ja he olivat saaneet ainokaisensa, ystäväni. Tämän jälkeen isä oli ottanut kolmannen rouvan ja he olivat saaneet kolme lasta, joista yksi asuu Angolassa. Ymmärsin, että isä ei olisi ollut moniavioinen perinteisessä merkityksessä. Neljännen ja nykyisen vaimonsa kanssa papalla oli nuorimmainen, parikymppinen pikkuveli – ja jo monen lapsen isä.

Richardin äiti, maman, oli synnyttänyt kaikkiaan neljä lasta. Hän oli saanut kaksi poikaa ja kaksi tytärtä. Tytöistä toinen asui Kongo-Brazzavillen puolella, toinen oli kuollut nuorena aikuisena. Veli oli kuulemma ilkeä ihminen. Hän oli tiettävästi hakannut kaveriani ja lyönyt myös äitiään. Kuulosti ikävältä. Richardille sisarukset olivat siis sisar- ja velipuolia, mutta siskoista ja veljistä hän täysin puhui.

Jos en olisi niin kiinnostunut ihmisistä, en muistaisi sukuselvitystä, enkä täysin muistakaan. Richard oli asunut välillä äidin, välillä isän ja siten äitipuolen luona. Joku papan vaimoista oli kohdellut kaveriani huonosti ja isosiskot olivat puolustaneet pikkuveljeään. Oma äiti oli ollut läsnä pojan elämässä ja myös isä vahvasti, varsinkin koulutusasioissa ja Eurooppaan lähdöstä päättämisessä.

7. Mopotaksin riemuretki

Oli kuuma. Aurinko paistoi korkealta, eikä tuuli henkäillyt. Kaimasisko Hélène oli pyyhkinyt nenäliinalla hikeä jo terassilla kasvoiltaan ja kaulaltaan. Miehillä roikkui polvella pieni froteepyyhe tähän tarkoitukseen. Pikkukävelymme jälkeen mundelekin sai pyyhkäillä itseään, minulla onnettomalla kun oli päällä Suomen olojen kesäasu, +20 asteeseen sopiva.

Päivän ohjelmaan kuului Richardin isän luona käynti, josta sisarukset olivat sopineet etukäteen. Minä en paljon asioista tiennyt, menin vain perässä, minne vietiin. Arkista farkkuasua parempaa päälle pantavaa ei ollut. Kävelimme majatalolta pari sataa metriä ja stoppasimme katsastamaan menopeliä. Mopotakseja tönötti rivistössä varjoisalla seinämällä vilkasliikenteisen ja kovaäänisen valtaväylän varrella. Parin kolmen mopoilijan tarjous hyväksyttiin. Yhden mopon selkään nousi kaksikin kyydittävää.

Kuumuus ei pystynyt pilaamaan riemuani, kun läksimme liikkeelle. Istuin mopo-kuljettajan selän taakse. Kiedoin käsivarteni mopoilijan pyöreän mahan ympärille – reippaasti, kun niin kehotettiin. Nuorempana olisi tuntunut kiusalliselta, nyt tuntui hauskalta ja vähän hassulta. Richard istui minun taakse ja yritti pitää sopivaa etäisyyttä naisihmiseen, joka ei ollut hänen vaimonsa. Minä rohkaisin häntä tulemaan lähemmäksi, asialla ei tuntunut olevan väliä, olinhan jo tiiviisti kiinni mopomiehessä.

Mopoilija kaasutteli ja hillitsi kyytiä tien vaatimusten mukaan. Vauhdin säätely oli kohdallaan. Kuski oli ammattitaitoinen ja krossaili hallitusti rutalikkotiellä. Kertaakaan mopo ei tyssännyt kuoppaan tai jumahtanut monttuun, eivätkä helmat ryvettyneet. Autolla ei olisi päässyt kaikin paikoin mitenkään, poterot olivat sen verran syviä ja kadut kapeita. Lystiä oli! Richard vinkui takaritsillä, sillä hän istui osin metallin päällä. Minulla ei ollut hätäpäivää. Nautin ja nauroin ääneen, se oli puhdasta iloa. Otin riemun vastaan, en ollut vahingoniloinen, enkä myöskään myötäkärsijä. Silmäilin välillä ympärille, miten muu seurue matkusti. Heille kyyti oli tuttua, joten he suhtautuivat siihen fiilistelemättä. Kadunvarren lapsilla oli hauskaa.

- Mundele, mundele, mundele.. lapset rotkattivat minut nähdessään.
- Bonjour, rohkeimmat tervehtivät.
- Bonjour, bonjour! vastasin kohteliaasti.
- Chinois! yksi tuntui kiljahtavan halveksivasti tai hämmästyneenä.

Richard arveli, että kiinalaiset ovat ainoa ulkomaalaislaji, jonka lapsi tietää. Tarkemmin ajatellen tenava saattoi siunailla, voiko kinshasalainen olla tämän näköinen. Koko matkaksi mopokyytiä ei otettu, loput käveltiin. Pihoissa naiset olivat arkiaskareissaan, vaikka oli sunnuntai: keitto-, pyykinpesu- ja letityspuuhissa.

Jouduin saapumaan isän eli papan puheille ilman tuliaisia, sillä matkalaukut olivat teillä tietymättömillä. Papan talo oli iso ja niin oli hiekkapihakin. Meidät istutettiin puutarhatuoleihin. Sisällä papaa saatettiin vieraiden vastaanottokuntoon, hän oli vanha mies ja heikossa kunnossa. Yksi pojista talutti hänet perheen pariin. Papa nojasi puukeppiin ja rojahti jokseenkin kontrolloimattomasti tuoliin. Papan puhe oli epäselvää, josta maallikko teki afasia-diagnoosin. Papa ymmärsi kaiken, tervehti asianmukaisen kohteliaasti mundelen, kun minut esiteltiin. Tyttäriensä kanssa hän näytti laskevan leikkiä.

Kaikki sisarukset, jotka vähänkin olivat saatavilla, olivat tulleet paikalle. Perhekokous saattoi alkaa papinrouva-isosiskon rukouksella. Kaverini puheista ymmärsin, että yhteisiä pelisääntöjä kerrattiin ja uusia sovittiin. Varsinaista tarjoilua emme saaneet, kioskia ei ollut liepeillä, mutta mehuisaa mangustan-hedelmää tarjottiin sekä papalle että mundelelle.

8. Suippoveneellä vesillä

Illan tullen alkoi hämärtyä ja perhetapaaminen päättyä. Ukkossade oli viilentänyt ilmaa sopivasti. Aloimme suunnistaa kohti lentokenttää. Piti mennä tietämään, olisivatko matkalaukkuni laskeutuneet. Mundelea vietiin, mutta mikäpä oli ollessa. Kaikki oli uutta ja oloni oli turvallinen myötämielisessä, suopeassa ja suvaitsevassa seurassa. Oli säkkipimeää, päällysteettömät kadut olivat rapakkoisia, paikoitellen liukkaita, ruohikko märkää. Onneksi jollakulla oli kännykässä valo. Sen turvin ainakin mundelea autettiin eteenpäin.

Piti mennä piroguella, pitkällä kapealla veneellä, joen yli. Tällä keinoin matka lyheni huomattavasti. Joki oli Kongo-joen sivuhaara, N'Djili nimeltään, ei pahan leveä siltä kohtaa. Pientä jonotuksen poikasta oli jokitörmillä. Lautturit veivät yhden veneellisen ja toivat tullessaan toisen satsin. Pimeässä kyytiä odoteltaessa sisarukset jutustelivat omalla kielellään. Sen olin ymmärtävinäni, että nuorin veli sanoi jotain myönteistä mundelesta. Olisiko pitänyt reippaana, kun en vinkunut pimeää, kosteaa, enkä näyttänyt karsastavan tulevaa venekuljetusta.

Veneeseen ja siitä pois kapuaminen ei päätäni palellut. Olen tottunut veneisiin ja losseihin pienestä pitäen. Toki mundele autettiin kohteliaasti kyytiin ja pantiin istumaan penkille, paikalliset kyköttivät veneen reunoilla. Laivamiehet sauvoivat lastin tottuneesti virran vastarannalle, joki oli matala siinä kohden. En tiedä, olisiko vedessä voinut piillä jotain vaaroja, vaarallisia kaloja tai villieläimiä – silloin en ajatellut koko asiaa. Nautin vain tuoreesta, leppeästä ilmanalasta ja matkanteosta.

Ihan vaaraton joen ylitys ei ollut. Richard kertoi, että nuorina heillä oli tapana kahlata jokiuoma pohjaa pitkin yli. Kerran Richard oli livennyt polulta tai polku oli muuttanut muotoaan. Hän ei osannut uida, mutta joku aikuinen kanssakahlaaja oli sukeltanut hänet pintaan. Poika oli yskinyt ja pärskinyt mutta selvisi hengissä. Isoveli oli kertonut tapauksesta kotona, sillä seurauksella, että isä antoi hukkumasta pelastuneelle pojalleen selkäsaunan. Ystäväni muisteli naureskellen:

- Papa pieksi minut oikein hyvin.

Joen vastarannalle noustiin samaan tyyliin, kuin kyytiin oli tultu. Varpaat eivät kastuneet. Jos kengät kostuivat, se kävi märillä poluilla, joita tarvoimme pimeässä eläväisemmille kujille ja valoisammille kaduille. Kaimasiskoa tuli sääli, kun hän joutui könyämään meidän jos ei nuorempien niin kerkeäkinttuisempien mukana. Jälkeen hän jäi, väki taisi auttaa enemmän eksoottisempaa mundelea. Älysimme pysähtyä vartoamaan häntä sentään välillä. En tiennyt tarkkaan ohjelmaa mutta autoa päädyttiin etsimään, että päästäisiin lentokentälle.

Kadunpätkä oli eloisa. Värivaloja vilkkui, liikenne pörisi, bensa kärysi ja pienbisneksiä pyöritettiin, muiden muassa limsakojua ja rahanvaihtoa. Kohtuullisen yrittelyn, kyselyn ja tölläilyn jälkeen saimme auton. Päästäksemme kentän parkkipaikalle piti maksaa sotilaille tai poliiseille portilla, samoin poistuessamme. Sisään- ja ulospääsymaksu oli vakio: 10 US-dollaria.

Joku kentän työntekijöistä haalittiin, luonnollisesti korvausta vastaan, avustamaan matkalaukkujen tiedustelussa. Minä, laukkujenhaltija olin asiassa ja Richard, joka hoiti puhumisen ja tiesi maantavat. Näistä syistä olin kentällä vaimon roolissa, vaikka ystävääni kiusaannutti esiintyminen aviomiehenäni. Hän on minua 7 vuotta nuorempi, mutta näytti vielä nuoremmalta.

- Näin asia sujuu yksinkertaisimmin ja onnistuu parhaiten, Richard selitti ehkä itselleen.

Muu ryhmä, joka tavan mukaan oli seurana, odotti loitompana. Johdettuina kipitimme yläkertaan, turha vaiva. Ravasimme opastettuina kuopille kuluneet rappuset alas, vesiperä. Jostain mutkan takaa selvisi lopulta, että Air France vie matkalaukut keskustan toimistolleen, ellei niitä haeta heti. Myöhästyimme siis, jos nyt askini olivat edes tulleet. Oli kestettävä vielä farkkuvetimissä!

Ei muuta kuin majapaikkaan takaisin ja maanantaita odottamaan. Saamastamme autoilijasta ei ollut luovuttu, vaan hän oli odottanut seurueemme kanssa. Uuden kyydin saaminen olisi ollut hidasta ja todennäköisesti vienyt enemmän rahaa. Autokyydissä istuminen sinänsä kelpasi mundelelle. Maisema vaihtui ja vaikka oli pimeää, yhtä ja toista tienvierillä tapahtuvaa saattoi nähdä peräpenkin turvasta. Kuhmurateistä huolimatta kyyti oli rentouttavaa ja suloisen unettavaa.

9. Matkalaukut

Maanantaina odotimme autonkuljettajaa, jonka oli määrä käyttää meitä Air Francen toimistolla. Autoilija tuli hänelle sopivaan aikaan, tilaajien mielestä myöhään. Kävimme samalla reissulla rekisteröimässä minut Kinshasan turistiksi. Tämä piti tehdä Ruotsin lähetystössä, sillä Suomella ei ole lähetystöä Kongossa. Portinvartijan ja turvatarkastuksen jälkeen EU-passini ja säntillisesti täytetty lomakkeeni kelpasivat. Sain tyytyväisen hymyn lähetystövirkailijalta, afrikkalaisittain pukeutuneelta hienolta naiselta.

Lähetystössä ilmastointi oli viileä, melkein kylmä, mutta hiki virtasi ennen kuin olimme Air Francen parkkipaikalla. Air Francen toimisto oli ison hotellin yhteydessä, töytäilimme hotellin käytävillä edestakaisin. En erottanut Air Francea toimistoa hotellin muista luukuista. Kun oikea läpi löytyi, tuloiltana lentokentällä raapustettu paperi piti esittää. Matkalaukut olivat saapuneet, mutta niiden saanti varastosta oli kiikunkaakun! Nuori kaunis musta nainen afrikkalaisasussaan ja piikkikorkosandaaleissaan yritti vikuroida kasseja muassaan. Tuumasin Richardille:

- Työhön kannattaisi pukeutua työn vaatimalla tavalla. Mutta kaunotar mielsi itsensä varmaan toimisto- eikä varastotyöntekijäksi.

Neito vakuutti, että Air France ei maksa korvausta viivytyksestä. Turha sitä oli yrittää, sillä kentällä askarrettu paperi piti jättää Air Francen toimistolle. En ajatellut änkyröidä rupuranskallani, eikä Richardkaan esittänyt ärtyisää. Olimme vain onnellisia, kun laukut tulivat. Oli käynyt jo mielessä: jos matkasivat Finnairin vierustoverin koneella Texasiin.. Air Francen P-paikalta päästiin pois, kun maksettiin 10 US-dollaria.

Paremmasta city-kaupunginosasta lähetystöineen, lentoyhtiöiden toimistoineen ja hienohelmahotelleineen matkasin hymyillen ja hikoillen takaisin majapaikkaan. Kuljettaja vinkkasi jossain kohdassa näkymästä Kongo-joelle. Se jäi ainoaksi, tuon lähemmäs jokea en päässyt..

- Les valises, elles sont ici! huutelin majatalossa ja paikalla olijat huutelivat eteenpäin.

Rymysin huoneelle askeja dyykkaamaan iloisten huudahdusten kera. Oli optio, että kaikki ei ole tallella, vaikka olin lukinnut laukut. Sisältö näytti tutulta ja mukavalta, saisin puhdasta ja säähän sopivaa vaatetta päälle. Tuliaisiksi tarkoitettujakin oli tallessa: Richardin siskoille Suomi-kuvin varustettuja seinäallakoita, lapsille karkkeja, hyttysverkkoja tarvitseville.. Pauline-rouvan lähettämiä käsilaukkuja ja kenkiä naisille, parranajokone ja verensokerimittari papalle. Hyvin tavarat olivat tallessa! Ainoastaan yhdet Tiimarin lukulasit olivat hukuksissa, löytäisin ne hyvin pakattuina varmasti jostain saapikkaiden varsista.

Olin suihkun jälkeen uudestisyntynyt, puhtaissa hellevaatteissa. Mundele huokaili, kyllä elämä on ihanaa. Tuntui, että ihan kauneus alkoi pilkistää..

10. Hukkasinko vai varas vei?

- Missä se papan verenpainemittari on? Richard kysyi vaimonsa ostosta.

Minun oli vaikea palauttaa mieleeni koko konetta! Muistin kuin muistinkin, pakattavien tavarain joukossa oli ollut verenpainemittari, mutta missä se oli nyt? Se oli tärkeämpi kuin Tiimarin lukulasit. Tongin kassit, pöllytin tekstiilit, kurkistin kenkiin: ei löytynyt laseja, ei mittaria. Richard ihmetteli, miten saatoin hukata verenpainemittarin, olihan se jonkin kokoinenkin. En tiennyt kerta kaikkiaan.

Tutkin vielä toisen jos kolmannen kerran kassit. Matkalaukkujen pohjat paistoivat, vaatteiden sisuksista ei tippunut, ei liinavaatteiden väleistä, eikä saappaiden suista. Aprikoimme, että olen pannut puuttuvat artikkelit pakatessani johonkin piilonviereen kotona ja siihen ovat jääneet: merkittävä mittari ja suurentavat silmälasit. Ounastelin sellaistakin, että olisin lukinnut vain toisen vetoketjun isosta laukusta vai olivatko Ohlsonin lukot niin helposti tiirikoitavissa, että voro olisi päässyt varsinaisiin sisuksiin. Mietteeni tuntuivat teoreettisilta, miksi rosmo olisi jättänyt muut houkutukset ottamatta. Asia jätettiin hautumaan, kunnes pääsisin kotiin tupatarkastukselle.

Kongosta kotiuduttuani pääsin silmäämään potentiaaleja piilopaik-
koja pakkauspaikan tietämiltä. Olohuoneen laatikko-, vino pino- ja
kaatuva kasa –kohteista oli vaikea löytää kaivattuja, mutta katsoin
oleelliset paikat. Lopulta katsoin epäoleellisetkin: ei löytynyt, ei!

En tiedä, mitä verenpainemittarille ja miesten lukulaseille tapahtui.
Aikaa kotiutumisesta on kulunut. Olen muuttanut kertaalleen ja ta-
varoita on pöyhitty siinä yhteydessä. Ovatko tilpehöörit kämpässäni
jossain laatikoiden uumenissa hyvässä tallessa, vohkiko joku ne matka-
laukustani vai onko malariamoskiitto minua pistänyt? Arvoitus antaa
odottaa.

III.   BON APPÉTIT & À LA SANTÉ!

11. Herkkuja vaikka sähköttömästä keittiöstä

Maman Charlotte tarjoili lasten leikkipallon kokoiset maissikuulat tomaattikalakastikkeen ja vihanneshöystön kera. Hän kokeili tällä tavalla mundelen Kongo-kelpoisuutta kolmantena päivänä. Maman oli vaivannut jauhoisen foufou-taikinan isossa kattilassa. Valmis foufou oli melko mautonta, mutta kastike toi ruokaan makua. Kombinaatio oli onnistunut. Foufou kelpasi mundelelle! Niin ruokana oli foufoua vielä monena päivänä eri höysteillä.

Richardin äiti tuli päivittäin laittamaan ruuat meille kävijöille. Ystäväni ja hänen äitinsä olivat sopineet, että äiti tekee ruuat pojan Kinshasassa oloajan, sillä poika on ollut poissa kotimaastaan parisenkymmentä vuotta. Niin äiti saa taas nauttia äitinä olosta ravitsemusjoukoissa ja poika puolestaan nauttia lapsena olosta. Mundelelle järjestely sopi hygieniaturvallisuussyistä.

Maman saapui aamupäivällä ja lähti ruokalajitoiveet sekä taskurahat mukanaan torille aineshankintoja tekemään. Harmittaa, etten kertaakaan lyöttäytynyt mukaan. Maman valmisti ruokamme majatalon keittiössä. Siellä ei ollut pöytää, eikä tuoleja, keittiö oli varustettu vain sähköliedellä ja -uunilla sekä astianpesupöydällä. Joskus maman teki kaverilleni ja minulle eri ruokaa, sillä minä en syö lihaa – ja sitähän aikamiespojan piti päästä maistamaan silloin tällöin. Pitkän sähkökatkon sattuessa maman kypsensi ruuat aurinkoisessa pihanurkassa jonkinlaisella grillillä. Siinä oli tolkuton kuumuus. Joutilaalla oli hiki pinnassa pimennossakin. Ateriat nautittiin terassilla varjossa, mahdollisimman viileässä ilmassa.

Mamanin kongolaiskeittiölle oli leimallista, että ruuat olivat maukkaita mutta eivät tulisia. Sopi mundelelle! Ensiatrialla oli mietomakuista, ei-pippurista, paistettua tai friteerattua kalaa, jostain pinaatinnäköisestä paikalliskasvista vihanneshöystöä sekä ruokabanaania. Loistoeväs minulle! Kamerunissa opin pitämään ruokabanaanista, vaikka olin saanut sitä Paulinen kypsentämänä Suomessakin. Perheen miespuoliset pitävät myös tästä herkusta. Kamerunista alkaen olisin voinut syödä ruoaksi banaania vaikka joka päivä. Tämä banaani, jota myös keittobanaaniksi kutsutaan, muistuttaa hedelmäbanaania, mutta on isompi, kovakuorisempi, eikä sitä voi syödä kypsentämättä. Erityisesti pidän runsaassa öljyssä paistetusta ruokabanaanista, enkä silloin ajattele kolesterolia. Toisenakin Kinshasa-päivänä nautittiin keittobanaania – nyt keitettynä, ja vihanneshöystöä sekä tomaattikalaa. Herkullista sekin.

Ruokabanaania, vihanneshöystöä ja kalaa – nam!

Kamerunissa ostimme reissun päällä kadunvarrelta joskus kypsennet-
tyä ruokabanaania ja sikäläistä myös kypsennettävää luumua, safoua,
hiukomista vähentämään. Safou tunnettiin myös Kinshasassa. Toinen
eväs, josta tuli suosikkini Kamerunissa, on bataatti. Pauline kypsensi
kerran ruuaksi bataattia ja paistoi munakkaan. Vaatimatonta, mutta
miten ruoka maistui!

Foufou-kuulat ja suikalekalaa – nam, nam!

Kinshasassa hauskin ruokahavainto oli kuivatusta suolakalasta tehty
kastike. Se muistutti lapsuuden kapakalaa, jota kuivatettiin kesäisin
talon eteläseinustalla. Puiseva suikaleinen suolakalakastike sopi hy-
vin pehmeän viljaisan foufoun kanssa. Joskus sikäläistä kapakalaa oli
tarjolla kahta sorttia. Maman varioi kalasooseja välillä foufoun tai

ruokabanaanin sijasta riisillä kyyditettynä. Kerran otin lautaselleni yhtä aikaa sekä ruokabanaania että foufoua.

- Älä hyvä ihminen ota niitä yhtä aikaa! Richardin kommentista ja ilmeestä päätellen olin tehnyt kardinaalimunauksen, mutta mundele ei ollut moksiskaan. Pääasia, että hyvältä maistui.

Mamanilla lienee ollut tietoa suomalaisen makumieltymyksistä. Kerran söin Richardin isosiskon luona. Sielläkin tarjottiin kalaa ja ruokabanaania, mutta vihannekset olivat mamanin kokkaamia tujumpia. Piment-purkista oli ripauteltu reippaalla kädellä. Vieläkään en ole oppinut käyttämään pimentia, joksi pippuria tai chiliä sanotaan! Maman taikoi siis loistoruuat minulle. Ainoastaan kerran, kun sähköt olivat pahasti poikki, hän lämmitti meille eilistä evästä. Hyvin kelpasi suihimme sekin.

Paikalliset söivät sormin yhteiseltä lautaselta pareittain tai useampikin saman lautasen reunamilta. Kyläpaikoissa pariskunnat söivät samalta lautaselta käsin, samoin ystävykset yhteiseltä tarjoiluastialta. Maman söi joskus keittiössä Richardin siskojen kanssa yhdessä, tytöistä toinen on hänen tyttärensä, toinen ei. Tällainen yhteisruokailu oli kiireetöntä, ellei ihan harrasta. Me matkaajat söimme eurooppalaiseen tapaan, mundele ei olisi käsin osannut ja matkakumppani käytti ruokailuvälineitä hygieniasyistä, mutta mekin opimme toivottamaan hyvää ruokahalua.

- Bon appétit! Kinshasassa toivotetaan poikkeuksetta syömämiehille.

Tämä tapa tarttui. Nyttemmin kotimaassa toivottelu on pitänyt lopettaa, sillä se on ärsyttänyt kanssaeläjiä. Ranska kuulostaa hienostelevalta, pitänee ottaa suomen kieli käyttöön. Paljain käsin en ole oppinut syömään, kahveli tai lusikka on tarpeen, mutta samalta lautaselta ateriointi jo sujuu.

Kinshasassa syötiin silloin, kun ruokaa oli. Siellä ei napsittu pitkin päivää. Aamulla otettiin jotain, jos oli mitä ottaa. Iltapäivällä tai illansuussa syötiin, jos ruokaa oli. Meillä oli.

- Minulla on nälkä! bodyguard oppi nopeasti ilmaisemaan asian suomeksi.

Kahvia tai teetä ei myöskään latkita myötäänsä. Kahvia ei juuri juoda, lieneekö hinta syynä. Välipalaksi saatettiin napata safoua pimentin kanssa. Ruokaluumua vielä kevyempi on mangustan-hedelmä. Se on virkistävä varsinkin jääkaappikylmänä. Meillä turisteilla oli ruokajuomana kaupasta ostettu pullotettu vesi. Pari kertaa jostain erityissyystä ruualla juotiin viiniä, esimerkiksi kun Richardin siskolla oli syntymäpäivä. Viini oli kallista, ja sitä sai supermarketeista, jos oli tarpeeksi rahaa. Huomasin, että punaviini huoneenlämpöisenä ei maistu tropiikissa. Mutta missään en ole saanut niin hyvää punaviiniä kuin Kamerunin Dschangissa! Panin Bordeaux-nimen mieleen, mutta ei ole osunut silmään Suomen Alkoissa.

12. Primus on priimus

Olut tuntuu olevan hyvää maassa kuin maassa. Primus-olut on molempien Kongojen yhteinen taidonnäyte. Se oli kelpo kalja ja maistui aina Kinshasassa. Sain sitä toisena iltana katuvarren terassilla, joutohetkinä majapaikan lähibaarissa ja kaverini nuoruudenystävän luona. Kaikista parhaalta Primus maistui hikisen kaupunkiretken päätteeksi, kun sitä sai kylmänä janoonsa ja vähän nälkäänsäkin.

SKOL oli toinen paikallinen olut, sekin ihan kohtalainen kalja. Bonga-sin SKOL-baareja tai varsinkin niiden varastoja täyttäviä kuorma-au-toja vakioreittimme varrelta. Kinshasassa oli tapana, että vieraille tar-jottiin olut tai limsa, kumman vieras vaan haluaa. Naisetkin näyttivät juovan olutta Kongon pääkaupungissa. Joku mies taas kieltäytyi täysin alkoholijuomista, isän alkoholin käyttö oli nostanut mitan täyteen. Itse pidän oluesta, mutta en ole isäni viinankäytöstä kärsinytkään. Juomaa kysyttäessä pyysin aina olutta, mutta eipä se pappisperhevierailulla passannut edes miehille. Ilmeisesti mikään tajuntaan vaikuttava heräte ei sopinut. Maltainen Maltina-limsa oli vaihtoehto, siinä on oluen ruo-kaisuutta ja makua ilman alkoholiprosentteja. Kaipasin siihen oluen terävyyttä, vai onko se juuri humalasta peräisin. Toinen sikäläinen limsa on lasten suosikki Vivol, se, jolla kielensä saa punaiseksi.

Olutta – tässä Primusta – kärrätään kuppiloihin. Taustalla kinshasalaisen baarin terassi.

Afrikan kaljoista olen maistanut vielä beniniläistä ja gambialaista olutta. Beninoise oli pehmeää, mutta gambialainen olut maistui vetkältä Lapin kullalta. Jos saan valita, valintani on pirteä Primus. Harmi, ettei sitä saa Helsingistä. Täytyy tyytyä Maltinan sisareen Malt-virvoitusjuomaan. Kunpa joku maahanmuuttajista perustaisi yrityksen, joka toisi elintarvikkeita ja muita tuotteita Kamerunista ja Kongostakin! Kongosta tuonti voi olla tosi haaste, mutta Kamerunista kauppa sujuisi varmaan kohtuullisesti. Käsittääkseni Hakaniemen etnisissä kaupoissa ei ole paljon kamerunilaistuotteita. Vastaavia tuotteita, kuten ruokabanaania, bataattia ja avokadoa kyllä saa muista maista tuotuina.

13. Kahvinarkkarin koettelemukset

Olen oppinut juomaan kahvia heti äidinmaidon jälkeen. Siihen maailmanaikaan pikkulapsille tarjottiin aamiaiseksi pullasoppaa: puoli kuppia kahvia, puoli kuppia maitoa, leettavehnäsen palasia ja paljon sokeria. Pullasoppa oli hyvää, joskaan ei terveellistä hampaille eikä muutenkaan. Päätin puhdistaa elimistöäni kuonasta joskus nuorena aikuisena, kahvinjuonti kuului lopettaa pikkuhiljaa. Yritin noudattaa ohjetta, mutta sain päänsäryn ja pahoinvoinnin. Paasto ei päättynyt, mutta työpäivä piti lopettaa kesken. Mietin nykyisin päänsäryn iskiessä, missä vaiheessa migreenipahoinvointi vaihtuu kahvinpuuteoksenteluksi.

Ennen matkaa mielessä kävi luonnollisesti, juodaankohan Kinshasassa kahvia? Ei juotu. Käsittääkseni Kongo ei ole profiloitunut kahvintuottajamaana, tai sitten kahvi on liian kallista paikallisille. Kahvi voi olla helteessä myös liiaksi verenkiertoa ja aineenvaihduntaa kiihdyttävää. On ymmärrettävää, että kahvia latkitaan koleassa pohjoisessa pitkin päivää.

Kinshasassa en iljennyt pyytää kahvia, kun muut eivät sitä juoneet. Ounastelemani päänsärky alkoi hiipiä, eikä päänsärkytabletti auttanut. Oli tunnustettava ystävälle, että olen kahvista riippuvainen. Minkä nuorena oppii, sen vanhana taitaa. Hän hymähteli ja naurahteli, mutta majapaikan poika lähetettiin asialle: mundelelle kahvia noutamaan. Kohta sekoitin kahvijauhoa pikkupussista kuumaan veteen, mutta ainekset eivät sekoittuneet kunnolla. Join porovettä migreenitabletin kera. Poro-pilleri –yhdistelmä auttoi!

Seuraavana aamuna sain jo tavallista pika-kahvia. Miten kahviaamiainen oli poikaa. Aiemmin en ollut ollut ollenkaan pikakahvin ystävä, nykyisin se maistuu jo hyvältä. Tämän Kinshasa minulle opetti, eikä päätä enää särkenyt.

Saan terveellisyyskohtauksia välillä nykyisinkin. Huijaan itseäni juomalla kofeiinitonta pikakahvia ja suunnittelen kahviriippuvuudesta irrottautumista. Se kävisi kahvipaaston, sitä väistämättä seuraavien päänsäryn ja pahoinvoinnin kautta. Tähän ruljanssiin en ole löytänyt sopivaa ajankohtaa, enkä rohkeutta, vaikka ajattelen kahvilakon väliaikaiseksi. Lopullisesti en halua kahvista eroon, pidän kahvista ja varsinkin sen tuoksusta. Talvisaikaan Suomessa tarvitaan lämmikettä ja piristettä, mutta teevaihtoehto ei sovellu vatsalleni. Musta tee närästää minua, niin kuin äitiänikin. Vihreä tee olisi terveellistä, mutta luulen, että olisin liian hankala ihminen, jos kasvissyöntini lisäksi kieltäytyisin vielä kahvista.

IV. TERASSIELÄMÄÄ JA MUITA TAPOJA

14. Terassilla oleillaan

Ensimmäinen suuhunpantava Kinshasassa oli pullollinen punaista limsaa. Se maistui! Pääsin tienvarren juomaterassille rengasrikon myötä ennen kuin osasin unelmoidakaan. Renkaanvaihdon odottelu oli minulle pelkkä ilo. Tuntui tutulta, sellaisia kuppilat olivat Kamerunissakin. Oikeastaan ei ole kyse meikäläisittäin säännellystä baarista tai sen terassista. Vain muutama muovipöytä ja -tuoli on pantu maalattialle paljaan taivaan alle, mutta viritys ajaa asiansa. Isoja pytinkejä ei tarvita: vain paikka siellä, missä liikennettä on, pari puutarhahuonekalua ja kioskikoju, jossa palvelu, rahastus ja varastointi pelaavat.

Vararenkaan avulla matka jatkui majapaikkaan, ja sen terassille. Toilettituokion jälkeen nimittäin kuului tulla talon terassille istuksimaan ja tutustelemaan väkeen. Kaikkiaan talon väki, työntekijät ja asukkaat, viettivät – töitä tehden tai jouten – ison osan ajastaan katetulla terassilla. Sisällä huoneissa oli kuuma, varjoisalla terassillakin pieni hiki helmeili pinnassa, vaikka olisi vain istunut tuolillaan. Terassin ilmavuus soveltuu paikalliseen ilmastoon, parhaassa tapauksessa tuulenvire vilvoittaa. Tropiikissa ja pohjoisessa asuintalojen huoneilla ja terasseilla on eri funktiot. Kinshasassa terassi on monitoimitila läpi vuoden, Suomessa terassi tai parveke on lisähuone vain kesäaikaan. Eteläisellä pallonpuoliskolla huoneita tarvitaan lähinnä nukkumiseen, pohjoisessa kaikenlaiseen tekemiseen.

Kinshasassa söimme kaikki ruokaverot talomme terassilla. Ainoastaan jos halusimme katsoa TV:tä tai sattui olemaan viileä (yhden kerran oli), olimme sisällä. Terassilla hoidettiin monet käytännön askareet, esimerkiksi letitettiin hiukset. Tällöin varsinainen asunto säilyi siistinä. Kampaajan sisarena ja letittäjän kaverina tiedän, että niin aito kuin keinohius ulottuu ikävästi kaikkialle.

Tietysti istuimme baariterasseilla useaan otteeseen Kinshasassa ja jokusen kerran Kamerunissakin, jossa 8-vuotiaan matkailijan mukanaolo hillitsi juomahalujamme. Päivisin Kinshasassa saatoimme poiketa lähibaarin terassille, kun oli kuuma ja luppoaikaa odotella jotain tapahtuvaksi. Ensimmäisenä sunnuntaina olimme oluella Kalamun kaupunginosassa, Richardin pikkusiskon asunnon liepeillä. Kadunvarsi oli täynnä baareja ulkopöytineen, muovituoleineen ja toinen toistaan välkkyvämpine mainosvaloineen. Ja musiikki soi! Siitä oli hyötyä ja haittaa. Hyötyä sikäli, että saattoi uppoutua ajatuksiinsa ja töllistellä rauhassa kanssaihmisiä. Haittaa siksi, että kankealla ranskallaan oli vaikea ilmaista itseään ja vielä vaikeampaa kuulla mitä keskustelutoveri sanoi.

Kun tarjolla oli terassi, patio, pihamaa tai parveke, se valittiin. Kyläillessä istuttiin ulkona, kerrostalossa vieraat saatettiin istuttaa parvekkeelle, jossa tarjottiin jotain juotavaa. Seurustelu sujui mukavimmin mahdollisimman viileässä. Kun niin tutut ja vielä tuntemattomammat vierailijat tavataan ulkosalla, tällä tapaa suojellaan myös yksityisyyttä. Huushollit Kinshasassakaan eivät liene aina esittelykunnossa. Jos kyläilyillä satutaan pyytämään sisälle, vain olohuone on näkyvillä. Istuin pari kertaa sisällä – isoissa, varakkaissa taloissa, joiden olohuoneita kelpasi näyttää ja silmäillä. Asetuimme kyläillessämme sinne, minne talonväki meidät opasti: portinpieleen, terassille tai parvekkeelle ja yleensä muovituoleihin. Ne ovat ilmeisen hyväksi havaitut tropiikissa. Ne eivät kärsi kuumuudesta, kestävät sadetta, ovat kevyitä ja helppoja pinota.

Joskus ihmettelin paikallisia vierailuja. Jonain arkipäivänä Richardin nuori siskontytär perheineen oli yrittänyt tulla käymään. Kun eno ei ollut ollut majapaikassaan kotosalla, nuoripari tuli uudestaan seuraavana päivänä. Kai enoa kuului käydä tervehtimässä. Mundelen ehtiessä terassin aamukahville nuori perhe oli ollut pihalla jo hyvän aikaa. En tiedä, pitikö kaverini heihin vähän etäisyyttä, mutta pariskunta pikkutyttärineen – toinen oli vielä vatsassa – istui kuumalla pihalla, eikä terassilla. He eivät olleet hymyileviä, iloisia afrikkalaisia, pikemminkin kärsivännäköisiä. Paljon juteltavaa kaverillani ja nuorellaparilla ei ollut, mundelella vielä vähemmän. Kaiken lisäksi parin pikkutytär vierasti liian vaaleaa naista. Pariskunta istui ja istui, tarjottiinko heille edes mitään. Richard sai kuitenkin kotiin viemisiksi komean kirahviveistoksen. Pohjassa oli nuoren perheenpään nimi ja puhelinnumero, vaikka hän ei ollut teosta veistänyt. Vierailu päättyi, kun matkakumppanini ilmoitti meidän ohjelmastamme, joka vaati liikkeellelähtöä. Pariskunta poistui yhtä totisena kuin oli ollutkin. Perästä kuulimme, että toisen tyttären nimeksi oli annettu Anna-Lena.

- Hullut! kommentoi Richard.

Itse ajattelin, että mundelesta oli pidetty ja siksi kuopus kaimaksi ristitty. Aikojen kuluttua kävi ilmi realistisempi puoli. Nuoripari alkoi soitella minulle, eikä heillä tuntunut olevan asiaa, eikä meillä oikein ollut yhteistä kieltäkään. Jos ymmärsin oikein, nuori isä vetosi yhteiseen uskontokuntaamme lähimmäisen auttamiseksi. Nuorella parilla oli suunnitelmia tyttärien kouluttamiseksi ja tähän he olisivat tarvinneet rahaa. Muutaman puhelun jälkeen lopetin tylysti yhteydenpidon. Jos olisin huolinut pikku-Lenan tuettavakseni, ei tarvitsisi haikailla kummilasta Plan-järjestön ja sun muiden kautta.

53

15. Ompelukset terassilla

Eräänä aamuna aamiaista vaineksiessani, löysin maman Marietten ompeluhommista terassilla. Hän oli nostanut sähköompelukoneen yhdelle terassin pöydistä, ja sähköpiuha oli vedetty lähimpään töpseliin. Kangas luisti kivilaatoilla hyvin, eikä likaantunut, sillä terassin lattia lakaistiin päivittäin ja usein luututtiinkin. Siellä olisi voinut surauttaa vaikka valkoiset pitsiverhot olohuoneeseen. Siinä maman tuntui tyytyväisenä hyrisevän koneen lailla isot kangaspakat ympärillään, polkaisi paljaalla jalallaan kaasupoljinta ja saumaa syntyi. Kun sähkökatkos ei häirinnyt, ompelus valmistui vauhdilla, punakyntinen isovarvas piti siitä huolen. Kangas oli kauniin sininen ja kuosi aistikas, aivan mundelen mieleen.

- Mitä ompelette, verhoja vai sängynpeitteitä? kysyin emännältä.

Entisen ompelijan tyttärenä olisi pitänyt ymmärtää, että paksusta kankaasta tulee sängynpeittoja. Maman näytti uusivan majatalonsa kaikkien huoneiden päiväpeitot yhdellä kertaa yhdenmukaisiksi. Tilaa riitti myös mundelen kahviaamiaiselle toisessa pöydässä ja maman Marietten safou-välipalalle.

Olin huomannut teettäessäni vaatteita afrikkalaisompelimoissa, että ammatikseen ompelevilla oli käytössä vanhanaikaiset ompelukoneet, jotka toimivat ainoastaan ihmiskäden ja -jalan voimalla. Sähkökone lienee kallis investointi verrattuna perinteiseen Husqvarnaan, joka ei konstaile, eikä piittaa toistuvista sähkökatkoista. Ammattiompelijoilla oli oma salonki tai he olivat vieraantyössä toisen ompelimossa. Ompelimo, olkoonkin salonki, on yleensä pienissä ahtaissa tiloissa, joissa pyöritellään kankaat, mallikuvastot ja otetaan mitat asiakkaista. Ompelijan luovuutta neliöiden puute ei haittaa. Mallin mukaan teettämiini ompeluksiin on ilmestynyt yleensä jotain ylimääräistä, jota ei ole alkuperäismallissa. Selkeistä linjoista pitävä suomalainen on joutunut harjoittamaan itsekasvatusta, ettei olisi temponut ekstroja irti. Yleensä olen hetken tuumattuani päätynyt siihen, että annan tekijän näkemykselle vallan.

Kun olin lapsi, äidilläni oli Kinshasan koneiden kaltainen, vanhanaikainen Singer, jonka hän möi naapurinemännälle, kun tarvitsi rahaa sähkökoneen ostoon. Äiti jaksoi kauppaa harmitella! Ei varsin manannut sähkö-Singerin ostoa, mutta harmitteli vanhan myyntiä. Sitä olisi tarvittu monessa kohden, kun sähkökone oli liian kevytrakenteinen raskaaseen työhön. Äidilläni oli ollut tapana päätellä räsymattojen päät kankaalla. Hän piilotti vaaleat loimen rimpsut kangaskaistaleen suojiin likaantumasta ja katkeilemasta. Tästä keksinnöstä piti luopua sähkökoneen myötä. Vanha kunnon "talousmylly" olisi kyennyt matto-ompeluun.

16. Oi aikoja, oi tapoja

Afrikkalaista aikakäsitystä olin havaitsevina silloin tällöin, aina sovitut kellonajat eivät pitäneet kutiaan. Kerran autonkuljettaja ei tullut lainkaan, usein kyyti tuli myöhässä. Päivittäin odotettiin milloin mitäkin. Olin päättänyt asennoitua myönteisesti, minulla ei olisi kiire mihinkään. Luin matkakirjaani, sitä ainokaista, jonka olin saanut ostettua Akateemisesta kirjakaupasta. Suomenkielistä ei ollut saatavana sen enemmän aikoinaan Kamerunistakaan. Olin hyvilläni, että sain molemmista maista kunnon oppaat englanniksi. Pienemmistä Afrikan maista oppaita ei ole saatavana, vaan on tyydyttävä esimerkiksi Western Africa -yhteisesitykseen. Toinen puuhani luppoaikoina oli päiväkirjan kirjoittaminen. Ilman niitä muistiinpanoja muistelukset kokemuksistani olisivat hataral.

Niputan afrikkalaiseen aikakäsitykseen autonkuljettajan oharin ohella letittäjän myöhästymisen. Tyttö myöhästyi tuntitolkulla. Letittäjän mielestä kyse oli kai terveen järjen käytöstä (aamulla oli rankkasade). Asian olisi pitänyt ehkä kuittautua yhdellä pardon-sanalla tai sillä, että hän saapui kaikista vastoinkäymisistä huolimatta. Suomessa kysäisen uusilta ulkomaalaisopiskelijoiltani, miten aikaan suhtaudutaan heidän kotimaissaan ja kulttuureissaan. Tähänastinen tulos on ollut, että kaikissa maissa tärkeisiin tapaamisiin mennään ajoissa. Joskus opiskelijani erehtyvät hyppyyttämään minua tapaamiseen tulematta itse paikalle.

- Jos kyse olisi ollut työpaikkahaastattelusta, et olisi saanut paikkaa, olen päässsyt kuittaamaan.

Häveliäisyys lienee Kongossa jos Kamerunissakin vielä arvossa. Kinshasassa suvun pikkupoika veti pyyhettä suojakseen, kun äiti pesi häntä. Toisen kerran hän oli pikkukalsareissaan nolona, kun me vieraat tulimme. Päällyshousut löytyivät jalkaan nopeasti. Olen kuullut ystäväni joskus tuhahtelevan suomalaisten estottomuudelle. Lapsia hän on kasvattanut perinteisempään tapaan, alasti tai alusvaatteissa ei esiinnytä edes kotona.

Kinshasassa ja Kamerunissa valokuvia saattoi ottaa lähinnä tuttavista. Kuvissa ollaan ykkösissä, eikä kuvauslupaa saanut tutuista lapsistakaan noin vain, pyhäpuvussa vasta. Samoin aikuiset halusivat esiintyä parhaissaan potretissa. Angolan velikin antautui kuvaan vasta parturoituina ja kammattuina. Kuvaamisessa piti olla kohtuus, monta otosta ei sopinut ottaa, vaikka digikamerassa ei filmi maksa. Kaikkiaan suhtautuminen kuvaamiseen oli nihkeää, ehkä vanhastaan. Olen kuullut, että vanhan afrikkalaisen uskomuksen mukaan valokuvaus vie sielun. Monet kokivat kuvaamisen ehkä tirkistelynä ja siksi suhtautuivat siihen kielteisesti. Harvoin sain räpätä hermoilematta kuvani.

- Sans problème, sanoi yllättäen miesten vaatteita ommellut rää-
täli.

Kinshasalaisräätäli Singerinsä äärellä. Hyvää jälkeä tuli!

Mundelelle oli uutta, että kinshasalaiset käyttivät sateenvarjoja hel-
teessä, niin kuin herrasväkemme päivänvarjoja aikoinaan. Varsinkin
sunnuntaina ihmiset suojasivat itseään paahteelta, mundelea myös – ja
syystä. Vaatteet pysyivät sateensuojan alla haalistumatta värissään, eikä
iho palanut suorassa keskipäivän paahteessa. En olisi uskonut todeksi,
mutta olen nähnyt mustan ihmisen auringon polttamat kasvot. Kana-
dan aurinko oli paistanut ja vedestä heijastunut niin, että kameruni-
laiskaverini kasvot olivat palaneet. Naisparan kärsineet kasvot olivat
tavallista tummemmat, iho kuiva ja jotenkin pergamentin ohut, aivan
kuin hieman ryppyinen. Vähin erin kasvot tervehtyivät, mutta rasvaa

kului vaurioituneen ihon hoitoon, niin kuin meidän vaaleampienkin kohdalla.

Näin aitoja kukkia vain kerran Kinshasassa. Siellä harrastettiin tekokukkia. Niillä oli somistettu asuntoja ja niitä annettiin naisille kohteliaisuudesta. Minäkin sain keinokukkaset lahjaksi. Majapaikassa oli tekokukkia, myös minun huoneessani. Bodyguardin poikamiesasunnossa oli runsaasti keinokukkia. Kadulla myytiin muovikukkia, ei lainkaan aitoja. Päättelin, että Kinshasassa on kuivaa ja kukkien hoito hankalaa. Vain helluntaikirkon piharakennuksen seinustalla oli aitoja kukkia. Sinertäviä kukkasia oli pienen kukkapenkin kokoinen laatikollinen. Pikkupoikakin ymmärsi niiden päälle ja asemoi itsensä valokuvaan niiden läheisyyteen.

V. KIRKOSSA JA HUUSSISSA

17. Pyhäkirkko

Sunnuntai avautui kuumana. Hyvinkin ennen puoltapäivää tähtäsimme kirkkoon, jossa Richardin isoveli oli pappina. Yritin pukeutua kirkkoon sopivaan asuun. En pannut päälle lyhyintä hamettani, enkä räväkimmän punaista puseroani. Nyt ei tosin oltu körttilässä, eikä värien käyttö ollut samalla tavalla nuukaa. Kongossa värikkäät vaatteet ovat sallittuja hartaissakin yhteyksissä, mutta muu koodisto, jota en tunne, on olemassa. Olimme hiessä ennen kuin lonksautimme majatalon portin takanamme. Käppäsimme hiekkaista kadunpiennarta isomman väylän varteen. Väistelimme esteitä jo totuttuun tapaan – varsinainen vaaranpaikka oli pientareella kytevä sähköpiuhan rikkoontuma! Rottelo pikkubussi rönötti poikkiteloin keskellä päätietä. Richardin siunaillessa maantapoja ajattelin, että noinhan tien varteen hyytyneet kyytipelit käännetään Suomessakin. Nappasin rotiskosta kuvan – ja sain samassa paikallisen paheksuvat kommentit.

Puoleen ja toiseen päitä käännellen ja optimaalista kadun ylitystä hakien loikimme kadunpuoliskojen yli. Richard kiikutti minua käsivarresta. Ele ei ollut varsin hellä, mutta tarkoitus oli suojeleva. Kyydin kyttäys alkoi. Emme tienneet, milloin sopiva ajopeli oikeaan suuntaan osuisi kohdalle. Hellettä taivastellen kaverini yritti pysäyttää isompia ja pienempiä autoja. Huvittavinta oli, että matkakumppanini niin Kamerunissa kuin Kongossa eivät sietäneet enää kotimaansa säätä. Paulinesta ja Richardista oli tullut jo niin suomalaisia. Pauline joi jo kahviakin samaan malliin, Richard ei sentään viinaa suomalaismiesten tapaan.

En oppinut koko aikana erottamaan, mikä oli varsinainen taksi, mikä taas sattuman kyytimies, jos hinnoista päästiin sopuun. Kamerunin

Doualassa taksit olivat keltaisia, Kinshasassa värillä ei ollut väliä. Kirkkokyyti saatiin, ei perille asti, mutta sinne päin. Loppumatkan askelsimme polttavassa paahteessa ei-aina-niin-ystävällisen mundele-huutelun saattelemana. Saatoin vastata päivää. Richard ymmärsi kieltä täysin, joten hän neuvoi minua olemaan hiljaa.

Kirkkomatkalla sunnuntaiaamuna kohtaamamme entinen pienbussi. Kun palasimme kirkosta, bussista oli vielä vähemmän jäljellä.

Afrikkalaiseen tapaan myöhästyimme alusta, ja kirkonmenot olivat käynnissä. Saimme eturivin paikat, kun pikkulapset tekivät tilaa meille aikuisille menemällä istumaan lasten rivistöön tai vanhempiensa syleihin. Kirkko oli osin laudoista rakennettu, osin isoilla punaisilla kankailla seinätty, vain osin katettu, keskellä maalattialla oli soma lasiseinäinen puhujapönttö. "Sakasti" oli lukkojen takana, istuimina olivat tutut kasaan koottavat ja sadetta kestävät muovituolit. Jumalanpalvelus pidettiin lingalaksi ja ranskaksi shalomia ja aamenta kuorossa toistaen.

- Dieu donne à toi. Qu'est-ce que tu donnes à l'église? isoveli-
pappi maanitteli, että jumala antaa sinulle, mitä sinä annat kir-
kolle, sen verran ymmärsin.

Vetoomukset toivat kirstuun roposia, joista kiitos tuli heti julkisesti,
minullekin, kun vein kolehtiin Richardin pyynnöstä muutaman ryp-
pyisen Kongon setelin. Pappi pani parastaan, hän pyyhki hikeä ja
uhkui karismaattisuutta. Koskaan muulloin en ole nähnyt hien pur-
suvan miestenpuvun läpi. Hämmästyttävän samannäköinen papin-
rouva aloitti laulun, tupsutusrumpu ja helistimet löivät rytmiä, seurasi
kielillä puhumista ja "kaatuilua". Richard supatti korvaani, että tuota
miestä riivaa paha henki ja sitä yritetään karkottaa. En tiedä, tepsikö
manööveri, mutta lopuksi ihmiset kättelivät ystävällisesti toisiaan, mi-
nuakin.

Paikalla oli Richardin pikkusisko pikkupoikineen, isosisko Hélène
tuli jumalanpalveluksen lopussa. Väen poistuttua kirkosta sisarukset
jäivät yhdessä istuskelemaan. Muovituolit siirrettiin kivisen pihara-
kennuksen varjoon. Siellä nautittiin limsaa janoon ja kuumuuteen.
Pappiveli vaihtoi päälleen siviilit, shortsit sekä trikoisen alus- ja kan-
kaisen päällyspaidan. Aluksi ihmettelin miesten käyttämää aluspai-
taa, kun muutenkin oli kuuma. Sitten käsitin, että sen tarkoitus oli
imeä jatkuvasti puhkuva hiki. Siskon pikkupojat olivat pyhätemmassa,
kauluspaidoissa, polvihousuissa ja nahkakengissä. Nyt mundele sain
kuvausluvan.

Oli mukava, kun pojat alkoivat ymmärtää kehnoa ranskaani. Viih-
dytin itseäni ja lapsia käsilaukusta löytyneiden tavarain avulla. Pojille
riitti kuvien katselu kamerasta, kynällä paperille raapustelu, käsien
desinfiointiaineen kokeilu, jopa paperinenäliinan kanssa leikkiminen.
Istunto kesti. Mundelelle aika tuli pahiten pitkäksi. En ymmärtänyt
keskustelua juurikaan, mitä nyt mundelen nimimuistia testattiin ja

siunailtiin. Pitkälti iltapäivän puolella pastorin maasturi toi meidät takaisin majapaikkaan. Pappiveli oli sisaruksista ainoa, jolla oli auto. Ilmeisesti helluntaikirkko maksoi papilleen kohtuullista palkkaa. Jeeppikyyti oli lystikäs takapenkkiläisille. Mundelea ilahdutti erityisesti, kun molemmat pikkupojat – isompi ja pidättyväisempikin – vilkuttivat iloisesti kyydin päätteeksi.

18. Mundelen hätä

Kirkonmenojen jälkeen olimme juoneet limsaa hyvällä halulla, niin aikuiset kuin lapset. Nautinto ei kauan kestänyt, pullollinen oli äkkiä siemaistu ja kiirehti hikenä pintaan. Olisiko neste ollut ihan jääkaappikylmää, rakennus ainakin oli kivinen ja poikkeuksellisen perusteellisesti rakennettu. Vähän ihmettelin, miksi kirkko oli tähän verrattuna kyhäelmä. Kirkkorakennelma oli pinta-alaltaan suurempi, seurakunta ei olisi mahtunut kivitaloon. Kunnon kirkkorakennukseen ei varmaan ollut ollut vielä varaa.

Sen verran ihmisiä, tohinaa, toimintaa ja jonkin sortin mielenkiinnostusta oli ilmassa, että mundelen aineenvaihdunta alkoi osoittaa aktiivisuuden merkkejä. Kaikki suuhun pantu ei tirsunut hikenä ulos. Pappi huokaisi syvään, kun sain ilmaistua tarpeeni. Kirkolla ei tuntunut olevan minkäänlaista huussia. Papinrouvan kera lähdin huussia hakemaan. Ehkä vähiten sukuun kuuluva joutui mundelen toilettiin saattajaksi, tai sitten rouva vain tunsi taajaman talot ja palvelut parhaiten.

Kirkko oli viettävässä rinteessä – pikkukauhukseni piti lähteä pönkimään ylämäkeen. Yritin olla ajattelematta akuuttia asiaa, että selviäisin huussireissusta. Mundele pääsi ylämäen, pappisrouva kävelytti ja suojasi sateenvarjolla paahteelta. Pitkältä ja kuumalta tuntui katu tai oikeastaan hiekkatie. Päädyimme erään seurakuntalaisen talolle. Nuori kaunis ja hyvin hoikka pikkulasten äiti oli jäänyt kirkossa mieleeni. Minut ohjattiin lingalankielisen asianhaaraselvityksen jälkeen talon takapihalle. Rouva taputti pihanperällä kämmeniään yhteen. Klap klap –varmistus takasi, että seinämän takana oli tilaa ja kengänpohjan kohdat sekä reikä sementissä vapaa.

Elämää jo muutaman kymmenen vuotta eläneenä kömmin sermin takaa ihmisten ilmoille vain vähäsen hämilläni. Kiitellen, lingalaksi yritellen, hipsin olohuoneen läpi takaisin kadulle ja talsimaan kirkkopihan suuntaan. Saattaja oli luonnollisesti odottanut. Meillä ei ollut yhteistä juteltavaa, vaikka rouva varmasti osasi ranskaa. Mundele vaan osasi aika heikosti ja ei juuri sillä hetkellä ollut juttutuulella..

Jos kiperin hätäni osui kirkkoreissulle, hotellikokemukseni Kongossa typistyi WC-istuntoon. Pääsin tarkastamaan Air Francen toimiston yhteydessä olevan hienon hotellin naistenhuoneen, joka oli moitteeton kaikella tavalla. Tilava toiletti kiilteli arvokkaissa materiaaleissaan ja vessankuppi oli puhdas. Hotellivirkailijan opastus oli mitä ystävällisin, kohtelias ja diskreetti. Siihen hyyskään mundele olisi voinut majoittua. Majatalossa toiletti toimi yhtä hyvin kuin koto-Suomessakin. Mitä nyt joskus joutui odottamaan hetken, sillä suihku, kylpyamme ja pesukone olivat samassa tilassa.

19. Jumala on Kongossa

Olen ihmetellyt itse mielessäni, miten monet Afrikan maista tulevat tuntuvat olevan jotenkin uskovaisia. Suomessa afrikkalaiset kuuluvat johonkin seurakuntaan, käyvät aktiivisesti kirkossa ja puhuvat luontevasti kirkossa käynnistään. Näin oli myös Kongossa. Meillä Suomessa vain aidosti uskovaiset puhuvat seurakuntamenoistaan tai jumalasta.

Olen kummastellut, ovatko afrikkalaiset enemmän uskonnollisia kuin me suomalaiset, vai mistä on kysymys.

Opin aikoinaan yliopiston ja etenkin ylioppilastalon käyneenä, ettei voi olla älykkö, jos uskoo jumalaan. Opiskelijapiireissä 1970–1980 –luvuilla oli tapana ottaa etäisyys kirkkoon ja muihinkin älyllisyyttä kutistaviin instituutioihin. Toisaalta kaveripiirissäni oli myös pappisperheiden taimia, joten näin senkin puolen, miten kristillisyys oli tullut rintamaidon mukana. Tämä on tietysti joidenkin mielestä pahimmanlaatuista aivopesua.

Kristitty nuoriso oli enimmäkseen fiksua, uskonto ei ollut vioittanut heidän älyään. Pikemminkin päinvastoin: he olivat solkenaan kuuden ällän ylioppilaita. Toisen leirin mielestä he olivat naiiveja porvariskakaroita. Tämä kaikki kävi ilmi vaikka pukeutumisesta. Boheemit älyköt olivat omaperäisiä kirpparilöydöksineen ja arabihuiveineen, ruutuhametytöt konservatiivisia röyhelöpuseroineen. Poikain kohdalla risuparran alta ei voinut tietää, mitä löytyy – ylevä yhteiskuntatieteilijä vai taantumuksellinen teologian opiskelija.

Kun katson ihmisten tilanteita nyt parinkymmenen vuoden kuluttua, kristillisiä arvoja seuraavat näyttävät pärjänneen parhaiten. Monenlaista näidenkin maisterien ja tohtorien elämään on mahtunut, mutta jokin roti siinä on ollut, tuuliajo ei ole ottanut ihan pahiten. Lapsen mielen turmeleminen jumaluudella ei näyttäisi tässä mielessä tuottavan pahaa jälkeä. Toisen kaartin väestä muutama on jo vainaa. Eri asia sitten on, mistä kaikki johtuu ja mikä minkäkin tuloksen tekee.

Koin ahaa-elämyksen uskontoasiassa Kongossa. Siellä kirkonmenot, liturgiat ja laulut kuuluivat huoneeseeni ja majatalon väki kävi sunnuntaisin kirkossa. Osa paikallisista kuului protestanttiseen, osa helluntaikirkkoon, muitakin kirkkokuntia Kinshasassa oli. Älysin, että

Kongossa puuttuu valheellinen turvallisuuden tunne. Meillä länsimaissa ja Pohjolassa on sosiaaliturvat ja terveydenhuollot. Tulemme tuudittautuneeksi siihen uskoon, että mitään pahaa ei voine tapahtua meille, tai ainakaan vakava sairaus tai kuolema noin vain kohdata.

Kongossa on toisin. Siellä ei ole valtion takaamaa sosiaalihuoltoa, eikä terveydenhoitoa. Itse on itsensä hoidettava. Jos käy hyvin, on perhe, joka auttaa avuntarvitsijaa. Opiskelijan on turha odottaa opintotukea, sellaista ei ole. Työttömän on turha kaivata työttömyyskorvausta – mikä se on? Komento Kongossa kuuluu: Tee työsi ja elätä itsesi! Kongossa itselleen pitää keksiä työ, jota pystyy tekemään ja jolla pystyy itsensä ja perheensä elättämään. Tätä työtä on tehtävä aamusta iltaan kuutena päivänä viikossa, että saisi kasaan vaatimattoman elantonsa. Sairauslomaa ei tunneta. Jos teet työtä, saat rahaa, jos et tee työtä, rahaa ei heru.

Tutustuessani Afrikasta Suomeen muuttaneisiin, ihmettelin aikaisempia ammatteja. Moni sanoi pitäneensä pientä bisnestä kotimaassaan. Ajattelin, että ovatpas yritteliästä väkeä. Yritteliäitä he ovatkin, mutta käytännön pakosta. Kamerunissa eräs tuttavaperheen äiti piti siskonsa kanssa katuravintolaa ja toinen äiti-ihminen, moniavioisen miehen vaimo myi hedelmiä ja vihanneksia paikallisen sairaalan pihalla. Ymmärsin viiveellä, että tällainen torikojukauppa on pikku-bisnestä.

Eläminen maksaa kehitysmaissakin: vuokranantajat osaavat ottaa vuokransa, kukin palveluntuottaja hintansa. Kinshasassa tajusin, että siellä ruokansa eteen pitää aina tehdä jotakin. Ruoka-aikana syödään niin kauan kuin maistuu, tai ruokaa on. Välipaloja ei napsita, eikä iltapalaa välttämättä ole.

Jokin kuolettava tauti voi iskeä meihin länsimaalaisiinkin, mutta hoidot ovat tehokkaita ja monet vaikeat vaivat on saatu karsittua kokonaan. Lasten ei tarvitse pelätä kuolevan ripuliin tai itsensä umpisuolen tulehdukseen. Meiltä saa malarialääkkeitä, Kongossa niitä ei tavallinen kansa syö. Köyhissä maissa on syytä olla tervaskantoterve, jos aikoo pärjätä elämässä.

Kongossa eletään nyt tietyllä tavalla isovanhempiemme aikaa. Uskonnollisuus on samaa luokkaa kuin isovanhemmilla aikoinaan, elämän ankaruus on samankaltaista – erona on, että toisessa maassa vaivaa kuumuus, toisessa kylmyys. Meilläkin henki oli hupaa ennen vanhaan, isänäidin lapsista kolme kuoli ja kolme jäi henkiin. Kuka tahansa saattoi menehtyä pikkuvaivan tai nykyisin helposti hoidettavan kynsissä. Kongossa on edelleen sama tilanne.

Jumalaan luotetaan, kun muuta turvaa ei ole. Minusta jumalaan uskominen tuntuu joskus oudolta, joskus hyvältä. Jeesus historioineen on vaikea käsittää, mutta Jumala, luoja mahtuu ymmärrykseeni paremmin. Tuntuu lohdulliselta, että Kongossa rukoillaan minunkin puolestani, vaikka olen täällä hyvinvointilännessä.

VI. HERRANTERTUT JA RIEMUNRAIMOT

20. Ämyrien tutulaulu

Seurueemme istutti itsensä terassibaariin sunnuntai-illan ratoksi. Yhden vuorokauden maassaolon perusteella arvioin paikan jokseenkin tyypilliseksi kinshasalaisterassiksi. Baari oli kadunvarrella muovipöytineen ja –tuoleineen. Olutta ja virvoitusjuomaa ilmaantui pöytiin jostakin sisäuumenista. Ilmaiseksi sitä ei sentään saanut, jokunen hitunut, ruttuinen ja rasvainen Kongon frangi piti pulittaa.

Ilta oli pimennyt, mainosvalot väpättivät siellä täällä talojen seinissä. Musiikki toi tunnelmaa useasta suunnasta. Baarille tavalliseen tapaan vain lähimpien vieruskaverien kanssa saattoi jutella. Minunkin ranskani alkoi sujua, kun ensimmäinen ökyolutpullo oli puolessa. Jutustelin bodyguardin ja Richardin siskon kanssa. Itse asiassa minä varmaan puhuin, pienessä nousujohteisessa hiprakassa on luontevasti itsekeskeinen. On myös helpompi puhua itse kankeallakin kielellä kuin pinnistellä ymmärtääkseen mitä kummaa paikalliset toimittavat. He kun saattavat vaikka laskea leikkiä, ja mistäs sen sitten tietää.

Limsaa latkinut bodyguard uupui illan myötä ja lähti metsästämään kyytiä kotiin. Juttuseuraksi luontui Richardin sisko miehineen.

- Elle est belle, n'est pas? aviomies kysyi mielipidettäni johdattelevasti, että eikö hänen vaimonsa olekin kaunis.
- Oui, elle est belle, kiiruhdin myöntämään ja sitä mieltä olinkin, rouva oli kaunis.
- Et moi? mies kysyi arviota itsestään.
- Vous etez beau, keksin vastata vaikkakin viiveellä, että te olette komea.

- Vous etez intéressante, mies jatkoi ja näin olimme päässeet jutun alkuun small talkilla à la Kinshasa.

Pienoisessa olutpölläkässäni elin hetkessä. Nautin illan hämystä, lempeästä lämmöstä, mökyävästä musiikistakin. Olin jo kerennyt kertoa nousuhumalassani surkean elämäntarinani: 20-vuotinen liitto, ei lainkaan lapsia ja nyt jo kovin korkea ikäkin. Samalla ihastelin, syystä pariskunnan suloisista suloisimpia pikkupoikia.

- Ils sont charmants! siunailin ja pari ryhtyi adoptoimaan nuorempaansa minulle.
- Je veux le plus grand, minä kuittasin leikin päiten, että minäpä haluan sen isomman.
- Non non, il est plus difficile, prends le plus petit, il est facile, ohje kuului, älä häntä, hän on haastavampi luonne, ota pienempi, joka on helpompi. Tämän tulin huomaamaan: pienempi oli avoin kuin lapsen mieli, isompi harkitsevaisempi mutta maapallon suloisin lapsi hänkin.

Lapsikauppa haittasi minua hieman. Vähän valitellen kerroin seuraavana päivänä matkakumppanilleni, joka asetti asiaa raameihin. Olin ottanut suomalaiselle – ja taatusti itselleni – tyypillisesti asian tosissani. Jos olisi ollut mahdollista laillisesti, pariskunta tuskin olisi antanut 5-vuotiasta sulo poikaansa vieraan valkoisen tädin matkaan maanääriin. Minä puolestani olisin halunnut pojan tai molemmat, mutta en olisi oikeasti adoptoinut. Ajatus lasten riistämisestä vanhemmiltaan elintasoisempaan ja terveysturvallisempaan maahan ei tuntunut riittävältä perusteelta. Mielikuva lapsen koti-ikävästä oli riipaiseva. Toki lapsi tottuu ja kotiutuu ajan kera, mutta siirrot on viisainta jättää äärimmäisen hädän hetkille.

Arkisen hädän hetkellä tutustuminen mukavuuslaitokseen on turistille valaisevaa. Se kertoo enemmän kuin matkakirjat tai muut mediat pystyvät välittämään. Niin nytkin. Piti päästä pihanperille illan tiihetessä. Pari naista saattoi minua. Puu-cee talon takaosissa ei jättänyt lähtemättömiä muistoja. Olipahan vain huussi huussien joukossa. Vettä käsien huuhteluun oli sisäpihalla. Baari menoineen meuhkasi kadun puolella, pihalta oli sisäänkäyntejä asuntoihin. Lapsi toisensa vieressä nukkui ohuen kankaan päällä rappusilla. Ilmanalassa ei tarvittu peittoja, mutta pikkupehmuste ei olisi ollut pahitteeksi kevyenkään kehon alla, hyttysverkosta puhumattakaan. Siinä lapset uinuivat limittäin ja lomittain käytännössä kovalla sementtirapulla. Makuusijan ankaruus tai ämyrien mökän miksaus ei tuntunut pienokaisten yöunta estävän.

21. Ukkoskuuro

Lapset ovat lapsia kaikkialla. He elävät hetkeä ja ottavat siitä irti sen, mikä lähtee. Ollessamme papan luona ilta toi ravakan ukkoskuuron. Aikuisille tuli kiire luikkia suojaan, sateessa kastuminen on epämiellyttävää ja salamat ovat vaarallisia.

- Onkohan ukkonen tropiikissa ärhäkämpi kuin kotona? Ukkosenjohdattimia taloissa ei ainakaan ole, mundele supatti Richardille, joka keskittyi lapsuuden perheeseensä.

Vetäydyimme kipin kapin tuoleinemme katokseen, joku perillisistä auttoi pappaa. Tuoli jäi silti liiaksi räystään tuntumaan ja vettä pääsi räiskymään papan päälle. Nuorin poika sai nuhteet, toisten mielestä hän ei suojannut pappaa tarpeeksi hyvin. Tuolia ja pappaa siirrettiin, mutta nuorimmainen ei ottanut toruja mukisematta vastaan. Olisikohan perhekokouksen jonkin asteinen erimielisyys alkanut tästä torasta.

Pihapiirin ja naapuruston lapset puolestaan nauttivat sään muutoksesta. Heitä sade ja salamat eivät haitanneet, päinvastoin. Poikaporukka pelasi märkäpalloa kadulla ukkosen hämärässä. Joku peseytyi: pani shampoot päähän, juoksenteli kaatosateessa hiuksiaan hangaten ja otti rännin alla suihkun. Yksi näytti opettelevan uimaan. Hän oli mahallaan vastapäisen talon sementtirappusilla ja teki uintiliikkeitä, sammakkoa selvästi. Joku juoksenteli alasti muuten vain. Vai onko niin, että pojat ovat poikia? Kaikki performanssia tarkoittamattaan esittäneet olivat poikia.

Ukkoskuuro innoitti jalkapalloilijoita.

22. Herrantertut

Kinshasalaislapset vaikuttivat Suomen 1950-luvun lapsilta. He olivat hyväkäytöksisiä ja pikkupoikienkin keskittymiskyky oli parempi kuin mundelella. Alta kouluikäiset osasivat olla hiljaa ja jaksoivat seurata aikuisten juttelua. Minä vääntelehdin aiemmin kuin lapset joutuessani kuuntelemaan keskustelua, jota ymmärsin huonosti. Sikäläisessä koulussa pääsisin tarkkailuluokalle, paitsi ettei Kongossa sellaisia taida olla, kovempi kuri vaan erityisoppilaille.

Richardin pikkusiskon noin 6- ja 5-vuotiaat pojat tapasin kolmesti. Mundele ihastui poikiin oitis. Näistä eivät lapset parane! Vanhempi oli mietteliäämpi, nuorempi oli heti jutussa mukana, vaikka mundele puhui huonompaa ranskaa kuin pojat. Esikoinenkaan ei osoittautunut kovaksi luuksi, hän lämpeni vain hitaammin. Lasten luonteen tai temperamentin erot löytyivät isommin etsimättä Kongon pääkaupungistakin.

Bodyguardin vuokraemännän pikkupojat (ehkä 2- ja 4-vuotiaat) katsoivat mundelea pitkään ja tarkkaan. Kun minä istuin vastapäätä, pojat sytkyttivät kinttujaan jännityksestä istuessaan kotinsa sisäpihalla. Tein sytkytyksen perästä, tämäkös poikia nauratti: he kikattivat kuin kutitettaessa. Kansainvälinen pallopeli poisti loput esteet. Lapsilla oli luttana pallo, josta noin puolet ilmoista oli pihalla. Luttanalla pelasimme futista hiekkapihalla. Lystiä oli! Totinen pienenpieni tyttö seurasi sivusta silmä kovana palloa pelaavaa mundelea. Hän oli liian pieni osallistumaan peliin, eikä hymyä hellinnyt missään vaiheessa.

Kamerunissa totuin siihen, että lapset jäivät katsomaan jälkeeni. Äiti meni eteenpäin, lapsi seurasi pää kenossa passiivisesti perässä. Eikä ihme, olin yleensä ainoa valkoihoinen silmänkantamiin. Kaverini 8-vuotias pikkutyttö muisti tästä muistuttaa. Itse unohdin välillä ihonvärini.

Kinshasassa majapaikan naapuruston lapset alkoivat osoittaa tuntevansa: mundele, mundele, mundele-rotkatus kiiri, kun talsin lähikatua. Lapset kipittivät perässä, pyörivät ympärillä, rohkeimmat hipaisivat. Heitä nauratti, ujommat hymyilivät.

- Missä mundele? joku huuteli ikkunasta.
- Ici! minä vastasin ja heilautin kättä.

VII. INFRASTRUKTUURIA JA LOGISTIIKKAA

23. Afrikan hiekkaa

Kamerunin pääkaupungin Yaounden kumpuilevuus viehätti ja maa-aines säväytti. Katuja ei juuri ollut asfaltoitu vaan ne olivat hiekkateitä. Hiekka oli voimakkaan oranssia, kuin poltettua oranssia, ja puuterinpölisevää. Pohjoisempana Bafoussamissa hiekan väri tummeni ruskeammaksi, mutta ohuusaste pysyi samana. Pauline kertoi puuterihiekan olevan huusholleista kammottavaa siivottavaa. En epäillyt. Kotiin palattuani kenkärajoissani oli edelleen oranssia sävytystä.

Atlantin rannikolla Kamerunissa hiekan olomuoto vaihteli. Etelässä Kribin uimarannoilla aallot ja mainingit huuhtoivat vaaleanvaaleaa hiekkaa, joka oli kaupunkien hiekkaa karkeampaa. Ylempänä Nigerian rajan lähettyvillä Limben rannat olivat taas pehmoisen mutta mustan hiekan vallassa. Näky oli veikeä. Selityksen hiekan väri sai läheisestä Mount Kamerunista. Se oli muutama vuosikymmen sitten pullauttanut kuumia sisuksiaan rinteille ja rannoille asti.

Joku itseoppinut taiteilija oli keksinyt hiekan materiaalikseen ja keräili eriväristä ja rakenteista hiekkaa purkkeihin. Myyntikojussaan hän hahmotteli alustalle luonnoksen, pani liimaa pohjalle ja ripotteli sopivaa hiekkaa tarpeen mukaan. Tuloksena oli esittäviä kuvia, pieniä ja isompia tauluja. Luonnonmateriaalitaulut kävivät kaupaksi turisteille. Ehkä taiteilija sai näin elantonsa, rahaa ei kulunut ainakaan väreihin.

Kongon Kinshasassa hiekan väri oli kotoinen. Se muistutti lapsuuden leikkipaikkain sävymaailmaa. Hienoisempaa Kinshasan hiekkakin on

kuin suomalaiseen tottumani. Siivottavaa riittää kinshasalaistaloissa-
kin! Varsinkin sadekaudella hiekka kantautuu sisään kenkäinpohjissa
ja jättää inhat anturanjäljet.

Työ ei maailmasta lopu, eikä siivoaminen. Piilonvieriä piisaa nuolta-
vaksi, pöly on ehtymätön luonnonvara. Siivon saneeraaminen vaan ei
nosta bruttokansantuotetta, ellei askaretta tehdä palkkatyönä. Kame-
runissa ja Kongossa varakkaammat teettävät palkalla siivousta, kok-
kausta ja muuta kotitalousaskaretta. Tämä oikeastaan kuuluu asiaan:
jos on varallisuutta, sitä pitää jakaa antamalla vähempivaraisille työtä
ja sitä kautta palkkaa ja elämisenedellytyksiä. Suomessa kotityön teet-
tämisestä voi saada verotuksessa kotitalousvähennystä. En ole niin
afrikkalaistunut, että olisin palkannut siivoojan. Päiväntasaajan tun-
tumassa talsineet kenkäni sain ihan itse rapsuttaa hiekoista.

24. Rusina-autot ja vellikadut

Lentokoneessa takanani oli istunut suomalaisen näköinen nuori nai-
nen. Vaihdoimme pari sanaa englanniksi, kun kone alkoi laskeutua.
Hän oli amerikkalainen, sukujuuriltaan ruotsalainen, joka oli me-
nossa Kongon itäosiin. Sinne missä on paikoin sotaolot. Minulle se
oli hui-itää, mutta tämä nainen oli kokenut Kongon kävijä. Yritin olla
diskreetti, enkä kysynyt hänen missiotaan idässä, mutta luullakseni
hän meni humanitäärisiin tai kehitysyhteistyötehtäviin. Minua hän
evästi kuvaamalla Kinshasaa kaoottiseksi. Tieto piti paikkansa. Kin-
shasassa oli mundelelle tietämistä.

Pääsin tutustumaan perstuntumalla kongolaiseen liikennekulttuuriin
pian lentokoneesta laskeuduttuani.. Rengashaverimme sattui heti ensi
alkuun, Kongon tiet lienevät hupaa renkaille. Kamerunissa yllätyin:
maantiet olivat tavattoman hyvässä kunnossa, paremmassa kuin Suo-

messa. Kamerunissa kuitenkin kolari oli lähellä Foumbanista lähdettäessä. Nuoret miehet kurvasivat mopolla yllättäen ilman mitään merkkiä aikeistaan kovaa ajavan automme eteen. Selvittiin sävähdyksellä.

Kamerunin kaupunkien kadut – Doualan, Yaounden, Bafoussamin – taas olivat odotetun afrikkalaiset, hiekkateitä syvine kuoppineen. Kinshasassa keskeiset väylät olivat raviojia ukkoskuuron jälkeen, kadut liejuisia luistelukenttiä. Kuoppia, poteroita, monttuja, rapakoita riitti. Esteitä väistellen pääsimme aina hämmästyttävästi perille.

Doualan takseissa koin sen, että iskarit eivät olleet kunnossa ja kuulin jopa sivuääniä moottorista. Kinshasassa kyytipelit ovat vielä tuplasti heikommassa kuosissa. Kautta linjan autot näyttivät jättömaakulkineilta lommoineen, puuttuvine laseineen, repsottavine ovineen, roikkuvine pohjineen. Tilanne oli sama, olipa kyseessä linja-auto, pikkubussi tai taksi. Jotkut yksityisautot olivat lehvakoita leveyksineen ja pituuksineen, mutta vain harvat kiilsivät uutuuttaan. Ystäväni mukaan Mersu on unelma-auto. Ellei siihen ole varaa, mutta autoon sentään, Toyota Carina näyttävine mittoineen kelpaa. Tuntui, että autojen värillä haettiin myös arvokkuutta: musta, tummansininen, ylipäänsä tumma auton pitää olla. Autoja oli tuotu Euroopasta, muiden muassa Saksasta, kuten nykyisin Suomeenkin.

Bussit (entiset amerikkalaiset keltaiset koulukyydit) olivat täysiä, osa matkustajista riippui ulkopuolella, pikkubussit tungettiin tupaten täyteen, samoin kimppataksit. Richard ajaa missä vain, Suomessa, Ruotsissa, Sveitsissä, mutta ei vanhassa kotikaupungissaan Kinshasassa! Ruuhkat olivat kaupunkinsa kokoisia, mittavia. Joskus autokuski otti ohitusreitin ja polkaisi kadun sijasta kuoppaiselle puistokäytävälle. Tapana oli myös tunkea oikealta ohi! Kommentit annettiin kuuluvalla äänellä avoimista ikkunoista. Bensan, polttoöljyn ja dieselin katkusta sai päänsärkyä.

Jos ruuhkaa oli liiaksi tai kiirettä, ammattiautoilija kurvasi kärrynsä puiston
kautta kiilaten sieltä jonossa ajavien ohi.

Kerran Kinshasassa pääsin saunaan. Olimme aikeissa ostoksille ja
kyyti piti järjestää. Saimme kyytiä oikeaan suuntaan jostain pikkubus-
sista, joka saattoi olla alunalkuaan Toyota Hiace. Toisen pikkusiskon
kanssa pääsimme tai jouduimme istumaan taakse. Kykötimme kaiketi
moottorin päällä. Oli kuuma, hiki valui.

- Tämä on kuin olisimme saunassa, sanoin siskolle ja ajattelin,
  että vasta vain puuttuu.

Joku takapenkin miehistä vaikutti ymmärtävän, sillä hän katsoi mi-
nuun ja häntä hymyilytti. Kyyti oli tavanomainen, hymy ei. Tuntemat-
tomilta aikuisilta sain Kinshasassa harvoin myönteistä hymyä.

76

25. Kyytien järjestely on taitolaji

- Transport, c'est le problème! sanotaan Kinshasassa tuon tuosta ja se on totta.

Kun olimme jälleen kerran bodyguardin kotimaisemissa, kyyti takaisin keskustaan oli tiukassa. Bodyguard päätti käyttää taktiikkaa: hän puhui tuttunsa auttamaan taksiin ryysimisessä. Kaupunginosakavereiden avulla hän pääsi autoon, tavallaan valloittamaan sen. Minä töllötin neuvottomana vieressä ja minut kehotettiin autoon viimeisenä. Muut autoon rynnineet jäivät sadattelemaan. Mundele pääsi oikein etupenkille ja turvavöihin, joita ei yleensä käytetty. Se oli poikkeuksellinen matka, saatoin katsella maisemia koko tuulilasin – vaikkakin teipatun – leveydeltä.

- Miten äiti saa kyydin kotiin? Richard huolehti kerran valtatien varressa.

Ennen kuin ehdimme älytä, maman Charlotte oli napannut auton lähihuoltoasemalta. Kun käänsimme päitämme, hän oli juuri laittautumassa pirssiin. Richard siunaili äitinsä nopeutta ja taitavuutta. Maman oli harjaantunut kyydinottaja, vuosikymmenien kokemus oli tehnyt mestarin taistelulajissa!

En tiedä varmasti, millä logiikalla paikalliset valitsevat kyytipelinsä, Doualassa taksit sentään oli maalattu keltaisiksi. Huutamalla määränpäätä ilmoitettiin ainakin Kinshasan pikkubusseista.

- Matété, Matété! huutelu tallentui tärykalvoilleni, kyyti oli matkalla etäisempään kaupunginosaan.

Mundele ei päässyt selville hinnoistakaan, mutta US-dollareilla näitä matkoja ei maksettu. Mopotaksi otetaan, kun autolla ei pääse perille, kuten papan luo mentäessä. Kimppataksilla, pikkubussilla ja bussilla matkustetaan valtaväyliä. Mopo tuntuisi sopivan lyhyisiin pätkiin ja puskataksi pitempiin kyyteihin. Kaupungista toiseen Kongossa voi matkustaa ainakin kuorma-auton kyydissä. Henkilöauto, ja meidän tapauksessamme myös kuljettaja järjestettiin, jos oli tavallista poikkeuksellisempi tai hienompi kohde. Näin tehtiin ainakin konsulaattikeikalla. Myös rahdin kuljettamiseen otetaan yksityisauto, jos on varaa.

Jos autonkäyttöön ei ole rahaa, kuormansa voi työntää työntökärryillä – tai työn voi teettää työntömiehillä. Tavaran työntäminen oli joidenkin työtä. Hikiset miehet työnsivät kärryillä uskomattomia lasteja, esimerkiksi isoja pinoja puutavaraa. Työntömiehet liikkuivat muun liikenteen seassa niin kaduilla kuin valtaväylillä. Osalla heistä oli jalassa varvassandaalit, toiset olivat paljain jaloin. Harmi, että salaa nappaamani kuva työntäjistä epäonnistui. Hätäpäissäni heilautin kameraa.

Työntökärryt toivat mieleeni lapsuuden maitokärrit. Lypsetty ja jäähdytetty maito kuljetettiin aamuisin tonkissa kärryillä maitokopille, josta maitoauto kävi hakemassa tonkat meijerille ja palautti ne tyhjinä iltapäivällä. Isäni oli teettänyt naapurin sepällä maitokärriin metallilenksun, josta kärrin voi kiinnittää mopon perään. Näin maidonkuljetus kävi kevyesti. Me naisihmiset jouduimme työntämään kärryjä epäergonomisessa asennossa, alhaalta suunnilleen lantion korkeudelta, sillä isän viritys oli mopolle tehty. Tonkkien hakeminen maitokopilta oli koululaisen epäkiitollisia kesäaskareita. Maitopönttöjen työntäminen tyhjinäkin oli keljua.

26. Äänimaailma

Kinshasan äänekkyys oli omaa luokkaansa verrattuna Suomen sävyisyyteen. Eläminen ja tekeminen ulkosalla ja osin taloissakin kuului, samoin liikenne. Muutenkaan Kinshasassa ei olla vaiteliaita tai ainakaan äänelle allergisia. Naiset käyttävät ääntä myös reippaasti, vaikka mies onkin perheenpää. Kenellekään ei tulle mieleen valittaa katuterassin melusta.

Mundele olisi työntänyt korvatulpat syvälle korviinsa, jos majatalon liepeillä olisi ollut baari. Se oli kuitenkin pari sataa metriä alamäkeen. En hermoile matkoilla ääniasioita, sillä varaudun aina kuulosuojilla. Apteekin mehiläisvahatulpat eivät kiusaa minua, vaan tekevät kivan humisevan tyhjän olon. Opin tavan jo vuosia sitten koti-Suomessa, kun alakerran naapuri jatkoi illanistujaisia.

Kinshasan huoneeseeni kuulin yhtä ja toista: kukot kiekuivat, kirkonmenot kiirivät, laulu kaikui ja lapset itkivät. Monet äänistä olivat kotoisia mundelelle. Kukon kiekuminen aamutuimaan toi mieleen lapsuuden turvalliset vuodet. Kukon kieunta myös huvitti, muun muassa kirkonmenojen aikana, kun kukko kiekaisi – kuin vastauksen papin puheeseen.

Papin äänenkäyttö kirkonmenoilla oli suomalaista reippaampaa. Äänirekisteriä käytettiin kattavasti, eikä sanoja ja energiaa säästelty. Laulu ei ollut suomalaisseurakuntien laahaavaa yninää, vaan voimakasta ja rytmikästä. Joskus ajattelen, että olisin varmaan tosiuskovainen, jos eläisin Yhdysvalloissa. TV:n ja elokuvien perusteella etelän mustien kirkonmenot ovat niin mukaansatempaavat.

Kirkonkellojen moikaaminen ei minua häirinnyt, sillä en ole varsin yliherkkä uskonnoille. Kellot kuulostivat tutuilta, asun Suomessakin kirkon liepeillä. Laulu ja musiikki kirkonmenoissa tuntuivat lähinnä ilmaiskonsertilta. Näitä ääniä jaksoin kuunnella tylsistymättä. Harmi, etten päässyt näkemään ja kuulemaan Richardin yhtä pikkuveljeä, joka kertoi vasta viimeisellä tapaamisellamme soittavansa ja laulavansa kirkossa.

Lasten itkulle olen herkkä, vaikka olen oppinut tulkitsemaan sitä pikkuisen. Luullakseni tunnistan pelkän uhmaikäitkun, mutta kerjäävien katulapsien pois häkiminen teki pahaa. Valitettavasti minulla ei ollut valtaa, ei kykyä, eikä voimaa puuttua asiaan. Käsittääkseni paikalliset uskoivat lasten olevan pahan vallassa. Ranskani ei riittänyt selittämään. Lohduttaudun raukka sillä, että selitys olisi tuskin auttanut. Ihmisillä on omat voimakkaat uskomuksensa, joita ei helposti heilauteta, saati muuteta. En osunut näkemään monta kertaa köyhiä, kerjääviä, likaisia lapsia. Tosiasia kuitenkin on, että hylättyjä lapsia on valtavasti ja jokaisen tilanne on lohduton.

Yhtenä yönä heräsin kurnutukseen. Se ei ollut kuorsausta naapurihuoneesta. Tuntui, että ääni tuli omasta huoneestani, niin kuuluva se oli. Sydän alkoi tikuttaa. Mietin unipäissäni, että käärmeet eivät pidä ääntä, mikä kumma lisko, rupisammakko tai outo olio oli päässyt puikahtamaan huoneeseeni? En ollut uskaltaa liikahtaa. Viimein keräsin kaiken rohkeuteni ja enemmänkin, nousin sängystä varovasti, tein valot ja tutkin huoneen. Katsoin nurkat, komeron hyllyineen, pikkupöydän televisioineen – sängyn alle kurkistus vei mundelelta melkein tajun. Mörköä ei löytynyt! Ääni kuului ulkoa, se osoittautui aamun tullen kaskaiden kurinaksi.

Liikenteen pauhusta ja jurinasta en erityisemmin pidä. Kuka siitä pitää, pikkupojat ehkä? Liikenteen melu ei päässyt haittaamaan pahemmin Kinshasassa. Majapaikkamme oli lähellä valtaväylää, mutta sopivasti katveessa siihen nähden. Liikeliepeellä oltuaan tiesi olleensa kaupungilla, korvat soivat palattua pitkään. Keljumpana pidin silti päänjomotusta aiheuttavaa liikenteen katkua.

27. Poropeukalo vai heikot materiaalit

- Minä en ole konemies, äitini sanoo.

Olen tullut äitiini, kaikki vähänkin tekniset asiat ovat vaikeita. Olen kuitenkin kovasti sukupuolten välisen tasa-arvon kannattaja. Harmi vain, minulla ei ollut lahjakkuutta mennä millekään miehiselle alalle, eivätkä arkisetkaan miesten askareet luista. Olin ajanut autoa pari vuotta, kun panin itse ensimmäisen kerran pissapoikaan nestettä, öljyt katsoin yli kymmenen vuoden autoilun jälkeen. Aiemmin olin onnistunut keplottelemaan lähipiirin miesten avulla. Entisen työpaikan vapaaehtoisella hopeakorukurssilla olin tähtiainesta.

- Mites Riitta, entä Tiina..? nuori miesopettaja puhutteli kurssilaisia, jotka kaikki olivat naisia.
- Entäs Soininen? hän sanoi minulle.

En osannut tulkita ohjeita ja piirroskuvia, tarvitsin aina apua. Erityisoppilaitoksesta valmistuvan todistukseen merkittiin tähti, jos opiskelija ei ollut pystynyt suorittamaan kurssia opetussuunnitelman vaatimalla tasolla.

Myös kännykän SIM-kortin vaihtaminen on ollut minulle ylivoimaista. Ensin pitäisi saada kännyn kuoret auki, sitten SIM kynsittyä ulos, uusi pantua paikalleen ja kuoret vielä kiinni. Epätoivoista. Näihin asti olen pyytänyt ja saanut apua. Nyt olen päättänyt alkaa aikuistua. Ensimmäinen vastuu on otettu: olen oppinut vaihtamaan vanhanmallisen kännykän SIM-kortin. Kuvien siirto Lumiasta tietokoneelle tulee olemaan seuraava aikuistumisaskeleeni tekniikan alalla.

- Älä avaa väkisin, kuulostele lukkoa, Richard oli neuvonut.

Minulla oli alusta asti vaikeuksia avata ja lukita Kinshasan huoneeni ovi. Yritin parhaani, mutta myönnän, että olen tumpelo. Suomessa en käytä kotioven turvalukkoa, sillä se on liian hankala. Opin käsittämään kuitenkin Kinshasan lukon logiikan. Sain oven auki, kiinni ja lukittua kohtuullisen hyvin aluksi. Välillä tuskastutti, kun kaverini torui minua oven käsittelystä, sillä itse mielestäni tiesin jo, miten lukko pelaa. Toisella viikolla rämähti, sain lukon ja osan ovea aivan päreiksi. Kyllä mundele oli nolona.

Menin ilmoittamaan tuhotyöstä maman Mariettelle. Hyvä, ettei kaverini ollut näkemässä! Audré-poika sai töitä, tällaiset korjaushommat kuuluivat hänelle.

- Ei se mitään, materiaalit ovat täällä niin huonoja, maman lohdutti, kun pahoittelen töllöntöitäni.

Sitten katsoin itse tarkemmin: koko lukkosysteemi oli muovia, naamioitu vain arvokkaan metallisen ja patinoituneen näköiseksi. Audré korjasi oven lukkojärjestelmineen vikkelästi. Uusi viritys kesti ainakin mundelen Kinshasassa oleskelun loppuun asti.

Lukkoremontin yhteydessä tuli mieleen, mitenhän moskiittoverkot saadaan pysymään katossa sängyn päällä? Verkko tankoineen ja pidikepultteineen voi kalahtaa päälle kesken unien..

28. Sähköt, kännykät, internet

Valo laimenee, TV-kuva käy rakeiseksi, sähköt napsahtavat poikki. Näin prosessi etenee, päivittäin. Karbidilamput otetaan esiin iltaisin, päivällä sähköä vaativat touhut keskeytetään. Sitten odotetaan, tehdään sähköä vaatimattomia hommia, tai jos sähkökatko kestää pitkään, korvataan sähkö perinteisillä menetelmillä. Aluksi mundele oli onnentuoja, mikä merkitsi sitä, että sähköt pelasivat tavallista paremmin.

- Tänään mundele ei ole onnentuoja.

Tuli myös päiviä, jolloin mamanit sanoivat näin.

Jos sähköt olivat poikki tuntitolkulla, se merkitsi maman Charlottelle hikistä työpäivää: kokkausta tulella yksi ruokalaji kerrallaan auringon porottamassa pihanurkkauksessa. Mundelelle sähkökatko oli hankalin nukkumaan mennessä. Kuumuuden takia tuulettimen leyhytystä tarvittiin. Kerran sähkökatkos osui unen odotteluhetkeen. Tuntui, että en saa ilmaa, vaan tukehdun sänkyyni. Heräsin aamulla kuitenkin normaalisti. Sähkö oli palannut ja tuuletin alkanut leyhyttää.

Olen innokas postikorttien kirjoittaja. Ystäväni toppuutteluista huolimatta koelähetin Kamerunista kymmenkunta postikorttia Suomeen. Pauline oli oikeassa, yksikään kortti ei tullut perille. Kinshasassa en edes yrittänyt korttilähetystä. Maa vaikutti sen verran heikosti organisoidulta. Vaikutelma oli vahvistunut liikenteessä. Kerrankin läksimme auton ja kuljettajan kanssa asioita hoitamaan. Kotikadulta emme päässeet normaalireittiä pois, kaivuri oli ehtinyt vetäistä tien poikki. Jotain kaapelia siinä upotettiin. Kuljettaja otti takareitin. Matka tyssäsi katki olevaan tiehen kiertotielläkin! Eittämättä kuski oli ammattitaitoinen: hän käänsi auton sivukujalle, jalankulkuväylälle – ja väännätti auton lasteineen jyrkästä pientareesta valtatielle! En olisi uskonut, ellen itse istunut takapenkillä.

Kun kadut olivat poikki, kuski ajoi pätkän sementtiseinämän viertä, käänsi keulan yläviistoon – niin noustiin auto vonkuen ja rytö ja roskat ropisten isolle tielle.

Kännyköitä näkyi katukuvassa runsaasti. Richardin vanhemmilla ja kaikilla sisaruksilla oli GSM:t. Puhelinkorttia ja saldoa ostetaan kadunvarren myyjiltä, jotka käytännössä saattavat pyörittää pikkufirmaa. Touhu näyttää kovin vaatimattomalta, kun ei ole eurooppalaisia rakenteita ympärillä. Voi myös olla, että firman omistaja on taustalla ja myyjä on juoksupoika. En oppinut erottamaan näitä ja kaikkea mundelen ei ollut sopivaa kysyä.

Kännykkäyhteydet Suomeen pelasivat. Soitin ehkä kerran, äidille.

Muille läheisille, ystäville ja työkavereille laittelin tekstiviestejä. Kun Richard soitti perheelleen Suomeen, linja löytyi yleensä hyvin. Kotiuduttuani huomasin, että kuuluvuus Kongo-Suomi –välillä on joskus heikko, eikä juttelusta tahdo tulla mitään. Tuntuu kuin puhuisi vanhassa radiopuhelimessa, ääni tulee viiveellä. Pitää kuunnella ja malttaa odottaa vuoroaan, että viestintä sujuu. Tämä malli olisi varmaan hyvä kaiken kaikkiaan vuorovaikutuksessa.

Kamerunissa käytin nettiä kerran, Kinshasassa en kertaakaan. Kiusaus olisi ollut ylittämätön, jos netti olisi ollut saatavilla, jouduin viihdyttämään itseäni siinä määrin oma-aloitteisesti. Näin kaupungilla pari internet-kahvilaa, mutta ketään netin käyttäjää en tavannut, tai ehkä yksi nuori mies sukulaiskaartissa hanskasi nettiäkin. Englantia Kinshasassa ei juuri osata. Tapasin koko aikana kaksi nuorta miestä ja kaksi lasta, jotka osasivat vähän englantia. Tosin englanti ei ole välttämätön netin käyttöön. Ranskankieliset afrikkalaiset tuntuvat surffaavan ranskankielisessä netissä.

Englannin taidon puute vaikuttaa monessa muussa asiassa. Kongolaiset voivat olla yhteyksissä vain äidinkielellään tai ranskankielisten kanssa. Turisteja Kongosta ei paljon lähde, eikä Kongoon tule. Matkailuun ja etenkin maastamuuttoon tuntui olevan halua. Jos esimerkiksi Suomi on kohdemaa, on opeteltava heti suomea ilman välittäjäkielen apua. Suomessa ranska ei ole vahvoilla, lingalasta ja suahilista puhumattakaan. Viisumin voi saada ammatillisiin opintoihin, mutta ei suomen kielen opintoihin. Päätös rajaa pois kaikki, jotka eivät osaa suomea, ruotsia tai englantia. Muilla kielillä Suomessa ei voine opiskella ammattia, saameksi varmaan, mutta se ei auta kongolaisia. Viisuminsaanti ammattiopintoihinkaan ei ole helppoa. Tiedän muutamia opiskelijoita, jotka ovat joutuneet palaamaan viisumiongelmien takia kotimaahansa.

Ranska-lingala-ranska –sanakirjan ostin Victoiren kirjakaupasta. Englanti olisi minulle parempi välityskieli, mutta sellaisia sanakirjoja ei ollut saatavilla. Sanakirjahinkuani perustelen itselleni sillä, että olen kieltenopettaja. Koetin kysellä bodyguardilta myös kirjastoista. Kirjastokiinnostustani perustelen sillä, että olen ollut kirjastossa töissä. Kommunikaatiomme bodyguardin kanssa oli auttavaa, mutta silti minulle jäi tunne, ettei hän tunne koko kirjastoasiaa. Johonkin kirjastontapaiseen yritimme mennä, samaisella Victoirella, jossa usein liikuimme, mutta käynti loppui lyhyeen. Ymmärsin, että kirjasto on maksullinen. Kinshasassa näkemäni harvat kirjat näyttivät entisessä rajantakaisessa Karjalassa painetuilta.

29. Yksityissairaalavisiitti

Heti ensimmäisenä arkiaamunani Kinshasassa Richard lähti lähimpään sairaalaan. Ei häntä mikään vaivannut, eikä minuakaan, mutta me bodyguardin kanssa seurasimme mukana, sillä aioimme jatkaa matkaa yhdessä eteenpäin. Kaverini, joka on hoitoalan ihmisiä, oli ottanut yhteyttä sairaalaan ja sopinut toimittavansa sinne pieniä hoitolaitteita. Minun kuskaamani verensokerimittari oli vietävien, siis kohtuulliseen hintaan myytävien joukossa. Mundele puolestaan pelkäsi näkevänsä vaikeasti sairaita ja kuulevansa valitusta. Aikuisten tuskaa on ikävä kohdata, mutta lasten vaivat tuntuvat erityisen epäoikeudenmukaisilta.

Valkoinen, isohko sairaalarakennus oli valtaväylän varrella. Väkeä oli muurien eristämällä pihalla ja sisällä. En erottanut pihalla olijoista, ketkä olivat odottamassa hoitoon pääsyä, ketkä olivat tulleet potilaita katsomaan. Sisällä sairaalassa oli kapeat tummat käytävät. Väri muistuu mieleen viininpunaisena, onkohan sillä jokin parantava vaikutus vai oliko värivalinta vain käytännöllinen. Mundelen mielestä tumma väri lisäsi ahdinkoa. Isompia ja pienempiä ihmisiä istui ja seisoi käytävillä tyynesti. Jonkin potilashuoneen oviaukosta näin silmäyksen sisään. Potilas oli petissä, omainen istui vieressä: potilas oli lapsi, äiti varmasti vieressä, itkua ei kuitenkaan kuulunut. Sen muistan, että sairaalassa oli kuuma.

En tiedä kongolaisen lääketieteen tasosta, enkä halunnut päästä sitä testaamaan. Ennakkoluuloni vahvistuivat, kun tapasin kinshasalaisen ompelijattaren, joka oli menettänyt kuulonsa jonkin leikkauksen seurauksena. Toisaalta malarian ja muiden trooppisten sairauksien hoidossa paikalliset lääkärit voivat olla pohjoismaisia etevämpiä, mutta pysyn mieluummin epätietoisuudessa, kuin testaan itse. Olen ollut ymmärtävinäni, että moni tauti tappaa Kamerunissa ja Kongossa siksi, että lääkäriin ei mennä ajoissa rahanpuutteen takia. Lääkärimaksun lisäksi lääkkeet pitäisi pystyä ostamaan. Kun rahaa ei kerta kaikkiaan ole, lääkkeitä ostetaan lainarahalla, ehkä vain osa ja vaiva jää kytemään. Kongon lääketilanteestakaan en menisi takuuseen.

- Mutta teillä on lääkkeitä, bodyguard sanoi, kun valittelin hänelle vaivojani.

Parikymmentä vuotta sitten Kamerunissa tuttavani raskaudessa oli ollut komplikaatioita. Keskenmenon uhka oli ollut ilmeinen, mutta sairaalassa verenvuotoa ei saatu tyrehtymään. Tuleva isoäiti oli ottanut ohjat käsiinsä, matkustanut kotikyläänsä, leikannut Aloevera-kaktusta, palannut sairaalaan ja tarjonnut Aloeveran tuoretta mehua odottavalle äidille. Nuoren äidin vointi oli parantunut, raskaus jatkunut ja aikanaan syntyi terve vauva. Nykyisin Aloevera-tuotteita markkinoidaan monipuolisesti terveysvaikutteisina luontaislääkkeinä Suomessakin. Mundele on kokeillut Aloeveraa. Geeli tuntui hoitavan rasitusvammaa hyvin, mutta mehu ei tehnyt mitään vaikutusta. Eräällä beniniläisellä on selitys:

- Ympäristön saastuminen on heikentänyt luonnonkasvien lääkinnällistä tehoa.

Vai onko niin, että ihmisten usko luonnonlääkkeisiin on hiipunut tehokkaampien tai ainakin nopeavaikutteisempien teollisten lääkkeiden myötä?

Kamerunilainen hoitotyön miesopiskelija kertoi asuneensa lapsena sairaalan vieressä ja tottuneensa kuulemaan synnyttävien naisten valitusta. Siellä synnyttäjälle annettiin kuulemma käteen kivi, jota voi supistellessa tai ponnistaessa puristaa. Kenialainen hoitotyön naisopiskelija teki harjoittelunsa kotimaassaan.

- Se oli ihanaa, ja se oli pelottavaa, hän kuvaili kokemuksiaan synnytysosastolla Suomeen palattuaan.

Olin ymmärtävinäni, mitä hän tarkoitti. Minä säästyin Kinshasassa valitukselta ja tuskanhuudoilta. Mundele oli iloinen, että sai kävellä terveenä sairaalan portista ulos.

30. Mundelella ei asiaa portille

Minulla ei ollut lupaa mennä avaamaan kolkuttajalle. Kielto oli ehdoton! Sain komennon Richardilta perustelujen kera – uskoin ja tottelin, vaikka itsepäinen olenkin. Sitten sotilas ilmaantui majapaikan portinvartijaksi. Luulin jo, mundeleako armeija on saapunut turvaamaan. Ei sentään, vaikka olihan meitä suomalaisia ja etenkin eurooppalaisia talossa. Toki näin arvokasta lastia yksi kongolaissotilas joutaisi vartioimaan.. Mundelen logiikan mukaan: ei olisi ainakaan sotatoimissa ja pahanteossa maan itäosissa.

Minulle vaaleni vähitellen, miksi majatalomme emäntä pukeutui välillä kotioloista poikkeavasti virkanaisen tai liikenaisen sotisopaan. Edellisvuonna hänen belgiankongolainen aviomiehensä oli kidnapattu päiväsaikaan kadulta talonsa, meidän talomme edustalta. Miehen ruumis oli löytynyt viikkojen kuluttua lentokentän suunnalta jättömaalta. Majatalomme maman kävi ministeriöissä yrittämässä selvittää puolisonsa murhaa. Ymmärsin, että mamanin puoliso oli ollut toimittaja ja kiinnostunut Kongon yhteiskuntaelämän epäkohdista. Joillekin tämä ei käynyt laatuun ja he tekivät tai teettivät hirmutyön. Nyt mamanin perätessä tietoja miehensä kidnappauksesta ja murhasta katsottiin ilmeisesti tarpeelliseksi turvata talon ovensuuta.

Sotilas oli portinpielessä armeijan varusteissa. Lämpötila ei vaikuttanut univormuun millään tavalla, kaikki vermeet olivat asiallisesti päällä pyssyä myöten. Vartiosotilas ei rupatellut turhia. Viimeisinä Kinshasan iltoinani hän avasi vähäsanaista suutaan.

- Säätila on odotusten mukainen, sillä olemme tropiikissa, sotilas tarkensi, kun mundele siunaili kuumuutta.

Luulen, että tulin pehmittäneeksi vähäsen hänen vormupintaansa tietämällä mitä romanttiset taivaankappaleet kuu ja tähti ovat lingalaksi: sanza ja minzoto. Viimeisenä iltana lentokenttäkyytiin noustessani sotilas yllätti suostumalla valokuvaan. Tämä oli vallan poikkeuksellinen myönnytys, sillä kinshasalaiset eivät halunneet kuvissa poseerailla. Kuvan näpättyäni näytin tulosta digikamerasta heti kuvamallille.

- Ei käy, kengät eivät näy, pitkänsutjakka sotilas reklamoi. Otin mielihyvin uuden otoksen maihinnousukenkien kera – jo näkyi koko komeus kenkineen.

VIII. VAALEASSA JA TUMMASSA KINSHASASSA

31. Vaatimattomat ja vauraat talot, värikkäät pihat

Otimme puskapirssit N'Djilin toiselle puolelle, loppumatkan kävelimme paahteessa. Hiekkakatu oli kuhmuinen ja kivinen, mopotaksi siinä olisi kulkenut. Kadun varrella oli matalia taloja, jotka oli rakennettu jostain kivimateriaalista, isoista maalaamattomista harmaista harkoista. Maman Charlotten koti oli kolmen neljän pienehkön talon ryppäässä, joka muodosti pihapiirin. Tämä oli bodyguardillekin ensivisiitti mamanin luo. Tavallisesti he tapasivat kaupungilla, näin oli ollut tapana kaikki kuluneet vuodet. Näytti siltä kuin taloissa ei olisi ovia, vain oviaukot, eikä ikkunoissa laseja, vain ikkunanlävet. Työt ja tekemiset tehtiin ulkona, sisätilat taisivat olla lähinnä tavaroiden säilyttämiseen, jonkinlaiseen yksityisyyteen ja yönviettoon.

Ihmiset, tarkemmin sanottuna naiset, olivat kotitöissään ulkosalla. Luudat heiluivat, pyykit liehuivat ja lisää liehuvaa jynssättiin. Joku valmisteli evästä avotulella. Vuokraemäntäänkin törmäsimme pihalla, ei hän eronnut paljoa pihapiirin muista naisista. Ehkä olemuksessa oli hiukan enemmän arvokkuutta, mutta tämä saattaa olla mundelen mielikuvitusta. Lapsia oli paljon ja lisää oli tulossa. Mamanin nuori tyttärentytär, joka asui samaa taloa mamanin kanssa, odotti toista lastaan. Noin vuoden ikäinen esikoinen vierasti mundelea, mundele oli liian vaalea. Muitakin pyöreitä vatsoja oli pihapiirissä. Joku isommista lapsista, noin kymmenkesäinen poika sai kipaista ostamaan vieraille virvoitusjuomaa.

Yksi kotimieskin oli porukassa kässehtimässä, mutta ei osallistunut aktiivisesti pihan askareisiin. Hän oli kaverini veli, joka myös asui perheineen mamanin kanssa. Hän oli luurangon laiha, eikä hän ilmeisesti käynyt töissä. En tiedä, miten he elävät, jos mies ei käy töissä ja maman on jo eläkeiässä. Tiedän, että kaverini lähettää Suomesta rahaa äidilleen, mutta sillä tavalla ei pystyne kaikkea kustantamaan. Ehkä veljenvaimo on töissä. Heillä oli kaksi pikkulasta, laulajapoika ja nuhanenäpoika. Laulaja ei piitannut paljon ympärillään olevista, hän leikki omillaan ja lauleskeli omiaan. Nuhanenä seuraili enemmän ympäristöään ja vieraiden touhua, mutta hänkin pysyi loitolla. Istuimme vierailun ajan talosen rappusilla, luonnollisesti varjossa.

Poikkesimme bodyguardin kanssa kaksin Bandundu-taloon, talon väki oli alun perin sen nimiseltä alueelta Kongosta. Talosta päätellen perhe oli varakas. Talo oli valkoinen, todella iso ja ainakin kaksikerroksinen. Luultavasti talossa asui useita sukupolvia. Aita ympärillä oli parimetrinen niin, ettei kävelijä nähnyt sen yli. Meidät sijoitettiin portinpieleen muovituoleille. Ihmiset pihalla seurustelivat tulijoiden (lue: bodyguardin) kanssa, samalla he söivät ruokiaan ja tekivät töitään. Perheellisen oloinen nainen oli nyrkkipyykillä – ja poikkeuksellisesti nuori mies.

Isännästä tai emännästä en päässyt selvyyteen. Mundele ei havainnut tarpeeksi pätevää emäntäehdokasta, mutta isäntäehdokkaita oli kaksi: toinen tuli töistä tai asioilta, toinen jututti bodyguardia aktiivisimmin. Huonossa kunnossa olevista hampaista ja kasvojen uurteista päätellen hän oli suunnilleen ikäiseni. Hänen oli vaikea ymmärtää mundelen elämäntarinaa. Älysin juttelusta sen verran, että mundelen historia käytiin läpi koko sillä tasolla, jonka bodyguard tiesi. Täsmentäviä kysymyksiä tipahteli. Bandunduillakin kulutin aikaa lasten kanssa, enkä piitannut aikuisten oudoksunnasta. Tämä taisi olla kaikista kyläpaikoista ainoa, jossa meille ei tarjottu juotavaa.

Richardin serkun omakotitalo oli hulppea, hieno ja valkoinen sekin. Talo oli esikaupunkialueella isolla tontilla, jolle lisärakennus oli tekeillä. Istuimme olohuoneessa sohvapöydän äärellä, minä join Maltinaa. Sääli, että limsa piti jättää kesken, kärpänen piti siitä liikaa. Kamerunissa olin oppinut, että limsapullon korkki pitää panna aina avatunkin pullon suulle. Näin ötökät eivät pääse osille. Kongossa kuulin lisäselvityksen: kun korkki on paikallaan, pahat henget eivät pääse pulloon ja sitä kautta juojan sisuksiin. Serkkuemäntä jutteli minulle oma-aloitteisesti ranskaksi.

- Minulla on kahdeksan lasta, hän kertoili.

Tieto sinänsä ei ole kummallinen Kongossa, mutta kertoessaan emäntä oli epätavallisen konstailematon, suora ja luottavainen. Hän tuli lähelle minua tekemättä mitään fyysistä konkreettista siirtymää, ehkä siksi, kun olemme jokseenkin samanikäisiä. Tuntui kuin hän olisi halunnut sanoa: "Minä olen Kongosta, minulla on monta lasta – sinä olet Suomesta ja sinulla ei ole yhtään lasta." Maassa maan tavalla ja ristinsä kullakin, mundele ajatteli.

Perheessä oli tyttöjä ja pari poikaa. Tapasimme teini-ikäisen pojan, joka puhui parasta englantia, jota Kinshasassa kuulin. Hänen kanssaan juttelin tietysti tavallista enemmän. Nuoren miehen suunnitelmat olivat nuoren ihmisen suunnitelmia. Hän toivoi lisäopintoja ulkomailla, mahdollisesti Kanadassa. Se on ranskankielisille varteenotettava vaihtoehto. Naimisiinmeno tyttöystävän kanssa oli myös suunnitelmissa ja talon rakentaminen Kinshasaan.

Poikkeuksellinen serkun talo oli myös sikäli, että siellä oli koira. Muualla Kinshasassa en nähnyt lemmikieläimiä. Talossa oli myös uudenvaalea tietokone, tietokonettakaan en nähnyt Kinshasassa missään muussa huushollissa. Katsoimme koneelta valokuvia sukujuhlista. Se oli riemastuttavaa, sillä kuvissa esiintyi rouvan Sveitsissä asuva sisko, jonka mundele on tavannut! Ensitapaaminen oli vuosia sitten Suomessa, sitten kävin hänen häissään Lausannessa, missä tapasin muutakin sukua, joka asuu Euroopassa.

- Näin kuviasi Kinshasassa! kävin matkan jälkeen Sveitsissä kertomassa. Joskus tuntuu, että olen perillä tämän suuren suvun ihmisistä. Yllätyksiä tulee, kun sukulaisten välit kiristyvät ja laukeavat, siinä suomalaisen on työlästä pysyä edes perässä.

32. Kurkkaus koteihin

Sisällä kodeissa, kinshasalaisolohuoneissa oli sohvaryhmää, lasikaappia, televisiota, ruokapöytää kuten Kamerunissa ja meillä Suomessakin. Jos talo oli uusi ja isohko, olohuoneessa oli lääniä ja muurit talon ympärillä. Papan talo oli yksikerroksinen mutta iso ja maalattu. Se oli harvinaisesti avopihalla. Olisiko sijainti laitakaupungilla taannut turvallisuuden. Tiekatu päättyi talon edustalle ja luonnontilainen maasto alkoi tienpäästä. Katollista terassia sisemmälle emme papan luona päässeet. Richardin nuoruudenystävän rivitaloasunto N'Djilin suunnalla oli viehättävin: kodikas, mukavat nojatuolit ja tilaa sopivasti. Koti oli soma ainakin öljylampun valossa, kun oli sähkökatko ja olutta lasissa.

Erikoisin kodeista, joihin pääsin sisään, oli uudehko kerrostaloasunto. Asunto oli tavallista viihtyisämmällä alueella, muita siistimmässä kaupunginosassa. Huoneisto sinänsä oli miellyttävä sohvineen, sohvapöytineen ja parvekkeineen, mutta keittiö oli olematon – ei edes keittokomero, vain keittoseinämä. Naiset näyttivät saavan kunnon ruuat aikaan siinäkin. He söivät yhteisestä astiasta tavan mukaan tai tiskiä säästääkseen. Asunnossa oli aika ahdasta ja huonekalut olivat isoja.

Niin kuin Suomessakin, tilaa näytti olevan vähän kerrostaloissa. Tavaraa oli eri virityksin siellä ja täällä, monenmoisia rakennelmia ja säilytysratkaisuja oli keksitty. Tilaa tarvittiin myös kortteerilaisille. Kaimasiskon asunnossa majailivat veljenlapset äiteineen. Niin minäkin asuin 1970–1980 -lukujen taitteessa lukiokesät enon perheen olohuoneessa ja uutena opiskelijana isän serkun luona alivuokralaisena.

Liikuttavin oli siisti poikamiesboksi juliste- ja tekokukkakoristeineen, olohuoneen puutarhapöytineen ja -tuoleineen. Nuorella miehellä oli varaa omaan kotiin, jossa oli pari huonetta. Hänellä ei kuitenkaan ollut ollut varaa nojatuoliin tai sohvaan. TV-uutisten ja Euroopan tapahtumien seuraaminen puutarharyhmästä käsin vaikutti silti suhteellisen mukavalta. Pihapiiri oli kotoisa ainakin illanhämyssä. Hiekkapihan perällä oli huussi, jossa asioitiin pimeällä taskulampun kanssa. Pihalla oli myös vesihana. Kaikki vaikutti hyvin järjestetyltä. Kinshasassa mundelea viehättivät asuntojen yhteiset sisäpihat, joilla lasten oli turvallista leikkiä ja aikuisten halutessaan helppo seurustella.

Ikkunattoman ja ovettoman näköiset kodit olisivat olleet kiinnostavia, mutta niissä kyläilyt istuttiin pihalla. Lasittomat ikkunat, ovettomat talot ja maalittomat rakennukset näyttävät mundelen silmään edelleen keskeneräisiltä. Perehtymiseni afrikkalaistyyliin on vielä kesken. Ensimmäinen Afrikka-mietteeni lienee lähes viidenkymmenen vuoden takaa. Istuin kesäaamuna ulkohuoneessa, ilma väreili kuumana auringossa, oli hellepäivä tulossa. Silmäilin etelään avautuvaa maisemaa ja mietin, miten Afrikassa voidaan rakentaa taloja lannasta.

33. Vaalea Kinshasa

Siellä kadut ovat asfaltoituja ja vähäkuoppaisia. Siellä ovat hienostohotellit, eri maiden lähetystöt ja kansainväliset tai ylikansalliset yritykset toimistoineen. Siellä sisätilat ovat kylmänviileiksi ilmastoituja. Siellä ovat myös valkoihoiset. Muun maailman tapaan sitä voisi kutsua business-kaupunginosaksi, cityksi tai diplomaattikaupunginosaksi. Mundelen mielikuvissa siellä sijaitsee vaalea Kinshasa.

Siellä olivat Ruotsin konsulaatti, Air Francen toimisto ja luxus-hotelli. Siellä, Air Francen toimistolla, näin ainoat valkoisiksi luokiteltavat ihmiset koko matkan aikana: neljä henkilöä. Joku heistä oli töissä Air Francella ja joku majoittui hienossa hotellissa, joka oli samassa rakennuksessa. Vaaleassa Kinshasassakin ylivoimainen enemmistö on mustaihoisia. He ovat töissä eri tehtävissä ulkomaisissa firmoissa ja organisaatioissa: viiden tähden hotelleissa, lentoyhtiöissä sekä virkamiehinä ja –naisina konsulaateissa, niin kuin kaunis ja kohtelias rouvakin Ruotsin lähetystössä.

Kansainvälisessä kaupunginosassa työssä käyvät paikalliset lienevät etuoikeutettuja. Heillä on hyvät työpaikat, kohtuullisesti lakeja noudattavat työnantajat ja säännölliset tulot. Vaalean Kinshasan arvovirkoihin tarvitaan hyvä koulutus ja se edellyttää varallisuutta. Vähäarvoisempiinkin töihin päästäkseen tarvitsee fiksuutta, mielellään suhteita ja onnea. Tapaamistani kinshasalaisista moni vaihtaisi mieluusti arkisen aherruksensa pikkubisneksen parissa vaikka vaatimattomaan työhön lähetystökaupunginosassa. Luulen, että paikalliset pitävät business-kaupungin valkoisia välttämättömyytenä tai mahdollisuutena.

Vaaleassa Kinshasassa valkoisiin suhtauduttiin ystävällisesti, olipa suhtautuja sikäläinen siellä työssäkävijä tai paikallinen asioija. Ehkä työssäkäyvän oli helppo olla ystävällinen, ilmastointi virkistää kummasti jatkuvassa helteessä ja vakiotulot keventävät oloa. Asioijalle taas saattaa Vaaleassa Kinshasassa avautua uusia elinkeinomahdollisuuksia, jos oikein hyvin käy. Tunnelma Kinshasan cityssä oli kuin ensi kerralla Espoon Tapiolassa. Hämmästyin Tapiolan ovia aukovia herrasmiehiä ja varsinkin parkkilappuaan jatkokäyttöön tarjonneita rouvia – heille oli jäänyt maksettua parkkiaikaa jäljelle ja he halusivat antaa sen seuraavalle parkkeeraajalle.

Lentokoneissa mennen tullen oli valkoisia, ehkä jopa puolet matkustajista. Me upposimme hyvin monimiljoonaiseen Kinshasaan. Osa tietysti matkusti Kinshasasta eteenpäin, ties kuinka kauas. Useimmilla oli varmasti työ-, kehitysapu- tai muu tehtävä Kongossa, harva oli pelkkä turisti. Joillakuilla oli varmasti kongolainen puoliso ja nyt tultiin sitä puolta suvusta tapaamaan. Tosin vaaleita lapsia en nähnyt kertaakaan, en edes puolivaaleita. Kongo saattaa olla maa, johon lasten kanssa ei juuri matkusteta. Kaupungilla en kertaakaan valkoihoista nähnyt, mitä nyt matkan päästä pari albiinoa.

Kamerunin Doualassa ihmettelin ensimmäiseksi rakennusten pienuutta, mataluutta, pikkufirmojen olemattomia tiloja, kalusteiden vaatimattomuutta ja kolhiintuneisuutta. Tajusin, että siinä ilmastossa isoja rakenteita ei tarvita. Kamerunissa ja Kongossa huomasi, miten vähän mielekkääseen toimintaan lopulta tarvitaan. Monet asiat hoituvat taivasalla ilman kummempia kommervenkkejä. Elintasolla on vaikutusta tilojen kokoon ja näköön silläkin, kansainvälisillä yrityksillä on korkeita taloja ja isoja pytinkejä. Niillä on varaa näkyvyyteen ja näyttävyyteen.

34. Tumma Kinshasa

Majapaikkamme oli N'Djilin tuntumassa. Victoiren alue oli muutoin vakiokohde. Bodyguard oli sieltä kotoisin, syntynyt siellä, asui siellä ja hän tunsi alueen kuin itsensä. Avenue de la Victoire oli keskeinen katu ja Victoire itsessään varsinaista Kinshasaa. Alueen keskuksessa oli Place des artistes –monumentti, kai Kinshasan taiteilijat viihtyivät Victoirella. Kuva monumentista jäi ottamatta, sillä sen tuntumassa partioi aina poliiseja. Siviilitkään eivät pitäneet kuvaamisesta, poliisien lähettyvillä en uskaltanut edes yrittää.

Monumentin vieressä oli Akropolis-ravintola, joka oli päivällä kahvila ja illalla disko. Kaikki kahvilassa tuntuivat hoitavan omia asioitaan. Me olimme bodyguardin aamupalalla ja perheitä oli limsalla pikkulapsineen. Itse olin saanut aukion myyjältä tekokukat – oli mundelen vuoro tarjota boduguardille täytetty patonki ja juotavaa. Olin oman aamiaiseni jo nauttinut, sillä perusteella saatoin olla poikkeamatta mamanin keittiön kurssista. Maalarit maalasivat Akropoliin seiniä ja laipiota trendikkäämmiksi. Onneksemme he eivät käyttäneet öljymaalia. Sen käry olisi ottanut silmiin ja nenään, ja kahvilassa istuskelu olisi loppunut lyhyeen. Iltameininkiä en tullut Kinshasan Akropoliilla näkemään, enkä jäänyt kaipaamaan diskokokemusta.

Kahvilan lisäksi kävimme Victoirella kirja- ja musiikkikaupoissa ja kiertelimme katuja muuten vain. Huutelu oli jatkuvaa, se lähinnä huvitti minua.

- Onko tuo vaimosi? tuntemattomat kailottivat.
- Oui, poika tuntui vastaavan välillä myöntävästi.
- Mistä tuollaisia löytää?
- De Kinshasa, Kinshasasta tällaisia löytää, bodyguard kuittasi. Tuon verran ymmärsin kysymyksistä ja vastauksista. Vaimoasiasta mundele ei oikein tiennyt, olisiko hyvillään vai pahoillaan. Mundele oli silloin tapansa mukaan hiljaa.

Boduguardin pikkufirma tai paremminkin työpiste oli Victoirella tietyllä kadulla tietyssä paikassa. Todellisuudessa firma oli yhden muovituolin kokoinen. Olisiko pojalla ollut edes päivänvarjoa suojanaan. Kuumaa siinä joka tapauksessa oli. Säätilan lisäksi kuumuuden takasi viereinen pienyritys, katukeittiö, jossa ruuat kypsyivät avotulella pitkin päivää. Keittäjänaiset olivat harvinaisen ystävällisiä ehkä siksi, että tunsivat bodyguardin hyvin. Mundele sai heiltä muovituolin lepuuttaakseen kaupungilla trampanneita jalkojaan.

Matkasimme lähes päivittäin N'Djilin suunnalta Boulevard Lumumbaa Victoirelle. Kinshasan Limete-torni sijoittuu matkalle. Se on TV-torni tai linkkitorni, mundele päättelee muodosta, ainakaan vesitorni se ei ole, eikä minua ei viety sinne näköaloja katsomaan.

- Ota kuva, että sinun uskotaan käyneen Kinshasassa, bodyguard kehotti.

Olen käynyt Kinshasassa – olen: Limeten torni.

Olen oppinut, että kaikissa itseään kunnioittavissa kaupungeissa pitää olla torni. Pariisilla on Eiffelinsä, Berliinissä, Tallinnassa ja Tukholmassa TV-torninsa. Helsingillä on stadionintorninsa, Kuopiolla Puijonsa, parhaissa torneja kaksi tai enemmän. Tampere vetää voiton tornimäärissä ensi laskemalla. Siellä on Pyynikintornin ja Näsinneulan lisäksi ainakin kolme vesitornia: Hervanta, Multisilta ja Tesoma.

Kinshasan kunnat tai kaupunginosat tulivat tutuiksi, ainakin Kasa-Vubu ja Ngiri-Ngiri. Niissä käytiin, niistä puhuttiin ja ne olivat mustanaan väkeä. Eräänä sunnuntaina suuntasimme bodyguardin kanssa kyläilemään Bandalungwan "kuntaan", joka vaikutti vauraammalta kuin muut Kinshasan osat diplomaattialuetta lukuun ottamatta. Kinshasan Kauniaisissa kadut, autot ja talot olivat paremmassa kunnossa kuin muualla kaupungissa. Viihtyisä terassi oli rehevien puiden katveessa ja kyläpaikan parvekkeelta oli vehreä näkymä. Tämäkin alue on tummien kongolaisten asuttama. Huomattavan hienostuneesti pukeutunut albiinomies istui seurueessaan yhdellä terasseista. Havainto ilahdutti, sillä albiinoihin ei suhtauduta useinkaan myönteisesti Afrikan maissa. Olipa Salif Keitan ohella joku muukin päässyt murtautumaan perinteiden lasikaton läpi.

IX.OSTOKSILLA

35. Vähäistä vuorovaikutusta ja henkiä

Mundele herätti paikallisissa ihmettelyä, eikä siunailu ollut aina ystävällistä. Vähäinen pigmentti ihmetytti lapsia ja vähäinen hame aikuisia.

- Miksi mundelella on noin lyhyt hame? nenänvarttaan katselleet naiset rohkaistuivat kysymään, kun olimme pysähtyneet kangaskaupoille.
- Käytämme tällaisia Euroopassa, vastasin rehellisesti.

Avoin kysymys oli parempi kuin pahansuopa kyräily, josta ei tiennyt, mihin se kohdistui. Suoraan kysyjille sai mahdollisuuden puolustautua. Eri asia sitten on, kelpasiko selitys nyökkäilyistä huolimatta, mutta yhteisymmärrystä oli yritetty. Hameenhelmani lyhyyttä olin ehtinyt epäillä, mutta Richardin mielestä mietin turhia. Silti hän kehotti minua istumaan säällisesti pikkuhameessani, kun olimme vierailulla siskon pappisperheessä – siellä missä juomaa kysyttäessä ei sopinut pyytää olutta, niin kuin kaikkialla muualla.

Ristiriitaiset ohjeet harmittivat hieman, mutta en antanut matkamieleni mustua. Olen huomannut, että kestän ulkomaalaisilta kommentteja, kehotuksia ja komentojakin paremmin kuin suomalaisilta. Lieneekö minulla jokin kulttuurien sulauttamissuodatin päällä? Vai onko sytytys niin hidas (ettei syty ollenkaan) vieraalla kielellä ja uudessa ympäristössä toimittaessa?

Kyräilijän katse – aikuisen naisen tai miehen, ei yleensä lapsen – oli epäsuora, ja se katsottiin turvallisesti pienen matkan päästä liikepaikoilla tai auton lasin läpi. Katse oli torjuva, ärtynyt tai vihainen, ihan kuin loukkaantunut, eikä siitä selvinnyt, oliko pukeutumisessani, seurassani, ihonvärissäni tai minussa itsessäni kaikkiaan jotain sopimatonta. Kyräilyyn tarvitaan elämän tuomaa käyttäytymiskoodistoa, pienellä lapsella se ei ole vielä rakentunut. Lapsen maailma on avara, joten lapsi katsoo uutta ja vierasta ujosti tai korkeintaan uteliaasti.

Hameen pituuden ohella valokuvaaminen oli vakio närkästyksen aihe. Ehkä turistin (näytin siltä mitä olin) läsnäolo keljutti, kuinka jollakulla on varaa matkailuun ja toisten elämän tarkkailuun. Aggressiivisuus ei ollut suuren suurta, lähinnä karkeita katseita, ärinää tai äkäisiä tokaisuja. Mikähän tilanne olisi ollut yksin, ilman paikallisseuraa? Jotkut miehet vinoilivat ja huutelivat, mutta sisältö jäi arvoitukseksi. Välillä olin hyvilläni, etten ymmärtänyt lingalaa, mundelen herkkä mieli olisi voinut pahoittua.

Loukkaannuin Kinshasassa yhden kerran perusteellisesti. Richard lähti tekemään vaimonsa tilaamia ostoksia. Autonkuljettaja ajoi ja seurue kykötti kyydissä. Parkkipaikka löytyi kohtuullisen läheltä kauppapaikkaa. Letkamme eteni majapaikan pojan johdolla poteroita, lätäköitä ja vastaantulijoita väistellen. Mundele sijoitettiin keskivaiheille, kaverini oli lähettyvillä ja siskonsa myös, aina joku tuttu edessäni ja takanani. Torin tuntumassa, hulina markkinapaikoilla oltiin ja puodista toiseen ravattiin. Richard osti hiustenhoitotuotteita ja muuta mustien ihmisten käyttämää arsenaalia: käsi- tai ihovoiteita, sellaista mitä Suomesta ei saa tai hinta on kallis Hakaniemen etnisissä kaupoissa. Seisoskelimme pienessä puodissa jos toisessa ja odotimme, kunnes lopulta saimme palvelua. Oli tolkuton hiki.

- Vesinoro valuu pitkin selkäpiitä, naurahdin Richardille.
- La même chose ici! hänellä oli sama tilanne.

Mèche-kaupassa oli yhtä hiki, mutta mundele ohjattiin istumaan, mikä helpotti jomottavia kinttuja. Puodissa myytiin erilaisia kuituja hiuksiin laitettavaksi ja isompiakin hiuslisäkkeitä. Omat lettiaineenikin hankittiin juuri tästä kaupasta. Putiikki ei ollut pinta-alaltaan monta neliötä, mutta monenlaista toimintaa tilaan mahtui. Jollekin tehtiin uutta lettikampausta, ja letittäjän tai asiakkaan lapsia pyöri joukossa. Miesmyyjä palveli Richardia, joka osti lettikuitua kotiin vietäväksi. Naiset olivat ystävällisiä, olisiko lettikampaukseni auttanut asiaa ja pikkulapset olivat avoimen uteliaita.

- Haluatko sinä, että minä jätän sinut yksin tähän viidakkoon? seuralaiseni ärähti vihaisena, kun hän oli huomannut katsekontaktini pikkulasten kanssa.

Hän kielsi minua pitämästä viatonta silmäpeliä – leikkimästä niillä keinoin mitä oli – muutaman vuoden ikäisten lasten kanssa. Siksi, että nämä saattoivat olla pahan vallassa! Parivuotias, pahan vallassa? Tältä osin en ymmärtänyt spirituaalista maailmaa yhtään. Tuntui pahalta. Kiukku ja nöyryytys itketti. Itkin, eikä siitä loppua ollut tulla. Seurue oli ihmeissään, kongolaisnaiset eivät taida toimia samoin. Sisarukset arvasivat, että matkakumppaneiden välillä tapahtui jotain, mutta Richard ei selittänyt tarkemmin, eikä mundele vedenvalumiselta pystynyt.

Loppuillan vietin synkissä tunnelmissa suomalaisittain mököttäen omassa huoneessani, toinen käynti papan luona jäi mundelelta väliin. Maman Charlotte oli jätetty talolle seuraamaan mundelen mielenliikkeitä. Hän oli harmeissaan eripurastamme ja nätisti kehotti selvittämään asian. Sanoin, että juttelen aamulla Richardin kanssa. Illemmalla bodyguard tuli valvomaan mundelen vointia ja vapauttamaan mamanin kotiin. Kyllä mundelea hyvin hoidettiin! Helpotti jo, kun sain jotenkin selitetyksi, mitä oli tapahtunut. Bodyguard oli sopivan empaattinen, mutta ei ottanut vahvemmin kantaa. Aamukahvilla puhuimme känästä Richard kanssa sivistyneesti ja jokseenkin pintapuolisesti.

Takaraivoon jäi ajatus, mitä aikuiset saavatkaan päähänsä uhma- tai murrosikäistä kasvattaessaan. Käytössä saattavat olla väkivaltaisemmat otteet kuin kirkossa aikuisesta miehestä pahan karkottamiseen käytetyt keinot. Kuinka moni lapsi päätyy kadulle siksi, että hän kasvaessaan ja kehittyessään toimii eri tavalla kuin vanhemmat odottavat? Ja miten näihin ongelmiin voidaan puuttua, jos aikuiset – koulutetut, länsimaisen uskonnon omaksuneet – uskovat pahojen henkien lymyilevän valepuvuissa?

Kerran täydessä ymmärryksessä oleva kongolainen selitti minulle, miten paha henki oli päässyt bussissa jonkun nuoren naisen juomapulloon. Nainen oli pannut pullon kiinni, vieressä oleva vanhempi nainen oli houkutellut nuorempaa avaamaan pullon. Nuorempi ei ollut suostunut, ja näin hän sai tukehdutettua pahan hengen pulloonsa. Kun kysyin, mitä vanhalle naiselle tapahtui, vastaus oli:

- Hän kuoli.

Sen vielä nieletän, että perheenisän sivusuhde ja siinä syntyneet lapset selitetään tuloksiksi pahan valtaan joutumisesta. Olkoon, jos uskottomuus on vaimolle näin helpompi kestää.

- He keeps his marital status, selitti perheteatteria kamerunilaisnuorukainen, opiskelijani, joka näytti valokuvia isoista häistä.

Kuvat olivatkin pojan vanhempien 25-vuotishääjuhlasta. Pitäköön pappa alkuperäisen avioliittonsa ja saakoon vanha vaimo häänsä! Pojan äidille, monta lasta synnyttäneelle aviovaimolle, erityisen vaikeaa oli ollut toisen naisen lasten hoitaminen kotonaan. Näin vaimon oli kuitenkin pitänyt tehdä miehensä uusiolasten koulunkäynnin takia. Hääjuhla varmasti lohdutti, lepytti tai palkitsi vanhaa vaimoa. Nyt vahvistettu avioliitto jatkuu Kamerunissa ja sivuvaimo lapsineen oli muuttanut Suomeen. Poika tapaa täällä säännöllisesti pienempiä sisarpuoliaan. Näin lapset tunnustetaan ja hoidetaan, ja sivuvaimolle riittänee kaksi mieheltä saatua lasta..

36. Supermarketissa

Maman hoiti ruokatarveostokset jossain majapaikan lähistöllä. Harmi, etten yrityksistä huolimatta kertaakaan osunut ostoksille hänen mukaansa. Olisi pitänyt ponnistella enemmän! Olisi ollut kiinnostavaa nähdä, mistä hän haki ruokatarpeemme. Nyt voin vain kuvitella, että maman poikkesi jollain lähimmällä torilla, jos niitä oli Kinshasassa useita. Tai sitten hän otti kyydin näkemälleni markkinapaikalle ja rahtaisi sieltä ruuhka-autoissa päivän ateria-aineet.

Jos halusimme majatalolle jotain tavallisesta poikkeavaa syötävää tai juotavaa, otimme bodyguardin kanssa kyydin laajan valikoiman kaupalle, joka oli kohtuullisen matkan päässä taloltamme. Kinshasan Stockan Herkussa oli Stockan valikoimat, ja myös hinnat. Kooltaan se oli paljon pienempi ja nimeltään Peloustore.

Pienestä koosta huolimatta Peloustoresta saattoi ostaa kaiken maailman herkkuja: kahvia, viiniä, viinaa, leivonnaisia, keksejä, jugurttia, karkkeja. Sieltä ostimme turisteille aamiaistarpeita, porokahvia paremmat aamukahviaineet olivat peräisin Peloustoresta. Kaupan punaviini oli hyvää, mutta niin oli hintakin. Viinit olivat suunnilleen Suomen hinnoissa. Keksit olivat bodyguardin mukaan lapsille, mutta croissantit ja jugurtit kelpasivat nuorelle miehelle. Kerran olin kehottanut bodyguardia valitsemaan Peloustoresta itselleen jotain mieleistä syötävää. Mundelea huvitti paluumatkalla – pojalla oli suklaa-croissant hampaissa siinä samassa, kun istuimme auton penkissä.

Tuikitavalliset kinshasalaiset eivät asioineet Peloustoressa. Siellä ostokset maksettiin US-dollareissa. Turvamies jaloitteli kaupan ovensuussa. Hyvin varustettu vartija – ei sentään sotilas – katsoi päältä, että kaupankäynti sujui rauhallisesti. Kaupassa olikin rauhallista, korkeintaan pientä jonotusta kassalle. Minä ensin –taktiikkaa vaativa paluukyydin hankinta oli vuorossa vasta ajotien varressa.

37. Hikiset kultaostokset

Kaikki maailman ihmiset, joita olen tavannut, koristautuvat mielellään ja pukeutuvat juhlaan juhlavasti – vain suomalaisille sonnustautuminen on vaikeaa. Se on ollut erityisen vaikeaa meille tietyn ikäisille. 1970-luvulla luokkakaverin poikaystävä oli sitä mieltä, että teatteriesityksen taso ei parane, jos hän panee parasta päälleen. Eipä ei. Muinaista poikaystävääni nauratti, kun minulla oli puseron rintapielessä mummoni vanha koru, Kalevala-korun tyyppinen. Hymyileskely ei tyrehtynyt, vaikka näytin korun alle piilottamani hammastahnalaikun. Se oli kerrassa huvittavaa.

Tuntuu, että monille afrikkalaisille koristelu ja kauneus on luonnollinen asia. Suomessa niihin suhtaudutaan edelleen jotenkin vaikeasti. Kenenkään suomalaisen naisen en ole suoraan ja selvin päin kuullut kuvaavan itseään kauniiksi. Sen sijaan afrikkalaisnainen voi kirjaimellisesti kertoa olevansa kaunis. Kerran eräs kamerunilainen aikuinen nainen luonnehti itseään kauniiksi, toisella kertaa sen teki nuori opiskelijatyttö Ghanasta. Kinshasassa Richardin kauniilla pikkusiskolla oli jossain vaiheessa kuviolliset ja tyylikkäät tekokynnet sekä sormien että varpaiden kynsissä.

- Tämä kuuluu kauneuteen, hän selitti.

Suomessa kauneus ja rakkaus ovat olleet liian suuria sanoja. Nuori polvi näyttäisi niitä hieman käyttävän, keveämmin ja luontevammin muun maailman tyyliin. Nykyvanhemmat puhuttelevat jälkikasvuaan jo sujuvasti kulta-etuliitteellä.

Kinshasalaiset osasivat sonnustautua tilanteen edellyttämällä tavalla. Heillä hiukset olivat kuosissa, korut käytössä ja tilanteeseen sopivat asut aina kun ihmisten ilmoilla oltiin. Bodyguardilla kirkkoasuna olivat mustat suorat housut, valkoinen lyhythihainen paita ja musta liivi. Jalassa hänellä oli mustat perinteiset miestenpuvun kanssa pidettävät nauhakengät, joissa oli reikä- tai pitsikuvioita, ja kengät olivat hyvässä lankissa. Bodyguardilla oli hopeinen sormus ja kaulaketju sekä kello, joihin hän sonnustautui joka päivä. Ja päässä oli lakki.

Paikalliset käyttivät ylipäänsä koruja: muovisia, puisia, lasisia, luisia, metallisia, hopeisia, kultaisia. Monilla oli näyttäviä kultakoruja, paljon ja paksuja – ja niitä käytettiin. Vähävaraiset ja vaatimattomat ihmiset käyttivät koruja, jos heillä niitä oli. Olin tullut siihen tulokseen, että kuulun vaatimattomiin ihmisiin, joilla on vain hopeakoruja. Tämä sopi mundelelle, sillä pidän aidosti hopeasta. Puen koruja ylleni suomalaiseen tapaan laiskanlaisesti, mutta joskus kultakorusetti olisi paikallaan, mundelen mielestä esimerkiksi isoissa ilojuhlissa.

Unohdin Kinshasassa, että olin teettänyt Kamerunissa kultakorusetin – ja edellä mainituin perustein! Doualassa me aikuiset turistinaiset tilasimme sikäläiset perinteiset korut. Kaulariipus, korvakorut ja ranneketju tulivat pelkällä tilauksella, sormus teetettiin mitan mukaan. Korut koostuivat kamerunilaisesta kivestä, joka maalattiin kauniisti perinteiden mukaan, kulta oli ketju- ja kiinnitysmateriaalina. Korusetti on kaunis, eikä niin paksua käätyä, ettei sitä voisi pitää arkenakin.

Välillä olen rouvashenkilönä töissä, setin sormus sopii vain vasemman käden nimettömään. Liian nafti sormukseni oli otettu uuden malliksi Doualassa nukkuessani.

Kun sain mahdollisuuden esittää ohjelmatoivomuksia Kinshasassa, esitin kultaostoksia. Richardin sisarpuolet, kaimat keskenään, lähtivät saattajiksi kullanhakureissulle. Matka suuntautui taas kerran Victoiren suuntaan. Jalan tarvottavaakin saatiin. Kadut olivat tallautuneet lähellä kultakeskittymää roskan ja ryönän alle. Katujen muoto oli kumpuileva, isoja poteroita siellä ei ollut, jätteet olivat ne täyttäneet. Tuttu kuumuus oli vahvasti läsnä, nyt se tuntui tulevan osin maatuvasta maasta.

Varsinainen jalokiviosasto torilla oli katettu. Kojut olivat vieri vieressä ja lasi-ikkunalla päällystettyjä kimaltelevia korulaatikoita riitti. Mundele johdateltiin luottomyyjän luo, jolla jalometallin laatu lienee ollut taattu ja hinnoista neuvottelu mahdollista. Kullanhinta oli korkealla, myös Kinshasassa. Aloin ymmärtää, että turistin varani eivät piisaisi kummoisiin hankintoihin. Luovuin näyttävännäköisistä käädyistä, samoin kultakorusetti oli jätettävä pois laskuista. Sain tyytyä katselemaan sormuksia ja korvakoruja, jotka nekin olivat lasin alla. Myynti ei ollut aktiivista, vaihtoehtoja ei esitelty, eikä ostajan tyyliä yritetty ymmärtää. Mundele tulkittiin varmaan vaatimattomiin ja vähävaraisiin ihmisiin kuuluvaksi.

Paria sormusta sain kokeilla ja kaksien korvisten välillä jouduin valitsemaan. Sain kuin sainkin yksinkertaiset pienet korvarenkaat ja sormuksen, jossa on kolmen väristä kultaa. Ostin sen verran, että sain huolen hukkaamisesta. Hiluillani on tunne- ja muistoarvoa, ei juuri rahallista. Mundelea miellyttävät paksut ja vähän ylisuuret kultakorut saavat odottaa mundelen vaurastumista. Kullankaivuu kävi työstä, hiki valui pitkin naamaa ja selkää, olin yltä päältä hiessä. Ympäristökin huomasi hikoiluni.

- Kuinka hän hikoilee! ymmärsin alakoulun ranskallani, kun toinen seuradaameistani siunaili toiselle.

Itse jäin ihmettelemään sitä, miten ihmeessä paikallisilla voi olla massiivisia kultakoruja. Milloin ja miten ja millä rahalla he ovat pystyneet niitä hankkimaan? Silloinko, kun kullan hinta on ollut alhaalla? Vai ovatko arvokorut heillä vararahastona kuten romaneilla? Esimerkiksi Brazzavillen siskolla oli ostiskeluretkellä paksu kultaketju ja raskas krusifiksi kaulassa. En rohjennut esittää kysymyksiä, varsinkin rinnastus romaneihin olisi saatettu kokea loukkaavaksi. Panen arvaamalla: paikallisten käädyt lienevät perintöä tai ainakin pitkän työn tulosta ja samalla heidän pankkinsa tai sijoituksensa. Ehkä omaisuus on turvatumpaa kantaa päällään, kuin jättää kotiin löyhien lukkojen tai avoimien oviaukkojen taa.

Juttelin joskus korukysymyksistä Richardin kanssa terassilla, kun istuimme joutoaikaa. Hänellä on valtavan hienoja kultakoruja. Iso krusifiksi paksussa ketjussa oli kaulassa hänelläkin. Krusifiksit ovat mundelen suomalaissilmään vähän liiallisia. Richard puolestaan valitteli, ettei uskalla käyttää kultaista rannekoruaan, joka on jokin merkkituote, koska pelkää, että se varastetaan. Hän oli himoinnut ja lopulta kyyneltä pusertaen ostanut komean ja kalliin kultakello-rannekoru –yhdistelmän. Minustakin se oli hyvännäköinen ja tyylikäs. Mutta sitä mundele ei pysty käsittämään, että ihminen – mies – voi hinkua jotain merkkikorua niin, että ostaa sen osamaksulla. Joku Richardin kavereista oli toiminut näin. Nyt kaverukset hököttävät tyytyväisinä kultavermeissään, kun ympäristön turvallisuustilanne sen sallii.

Kultakierroksella oli kiitollinen päätös. Päädyimme Kinshasan siskon asunnolle nauttimaan Primus-olutta. Se todella maistui, janoon ja vähän nälkäänkin. Seura ei olisi voinut olla parempaa: siskon herranterttupojat, jotka olivat jo tottuneet mundelen vaaleuteen ja omalaatuiseen ranskaan.

X. KÄSINTAITAJAT JA MUITA ARTISTEJA

38. Julkkis

Odotin jälleen jotain tapahtuvaksi ja istuin olohuone-salongissa tölläämässä kongolaistelevisiota. Yht'äkkiä valpastuin: tutut kasvot olivat ruudussa. Eivät omani, kaverini tai Suomen presidentin vaan lentomatkakollegan. Kasvot kuuluivat Pariisin lentokenttäbussin nuorukaiselle, joka erottui tyyliniekkaherroista ja meistä muista. Kasvot olivat hänen, jolla oli värikäs vaateparsi. Kinshasaan laskeuduttuamme olin nähnyt kirjavan nuorukaisen vilaukselta vielä matkalaukkuja odoteltaessa.

- Mitä tuo tyyppi tekee telkkarissa? Tuo tuli samalla lennolla Pariisista! kiljaisin Richardille.
- Juu, hän on Werrason, tunnettu kongolaisartisti, jonka musiikkia kuunnellaan Euroopassakin, kaverini kuittasi. Jaaha, tämä selitti pojan riemunkirjavuuden. Hän olikin taiteilija, eikä mikään virkamies, liikemies tai muu yleinen ihmislajityyppi.

Kyselin Werrasonin CD:itä Kinshasan Victoiren alueen musiikkikaupoista. Levyjä oli myynnissä uusinta myöten 25 US-dollarin hintaan. Tallenteet olivat DVD:itä, eikä minun vanhasta soittimestani ollut taikaa. Epäilin, ettei sillä pysty soittamaan uudemman tekniikan tuotosta. Werrasonin levy jäi ostamatta.

Nyt DVD pyörisi hyvinkin upouudessa soittopelissäni. Kaiken kukkuraksi edes pääkaupunkiseudun kirjastoista ei saa Werrasonin musiikkia lainaksi. Helmet-kirjastojärjestelmä ei tunne suuruutta. Täytyy tehdä hankintaehdotus kirjastoon, tai kysyä Digeliukselta. Olisi pitänyt aikanaan ajatella pitkähköä nenää pitemmälle ja satsata parikymppiä Kongo-tuliaiseen! Kyllä mundelea harmittaa.

39. Letit

Letittäjä tuli, tuli hyvinkin: neljä ja puoli tuntia myöhässä.

- Satoi vettä, tyttö selitteli, niin kuin selitellään. Onhan se ylittämätön este, on, mutta huomautin:
- Olit lauantainakin myöhässä. Olisiko lauantaina ollut liian helle, tuumasin itse mielessäni, mutta pidin suuni.

Afrikkalaisystäväni suosittelivat minulle useaan otteeseen afro-lettejä ja minä puolestani torjuin tarjouksen yhtä taajaan. Perustelin: afrikkalaisletit eivät käy heikkoon suomalaistukkaan. Puolustukseni murtui kaksitoista vuotta sitten. Päätin ottaa riskin, kun kesäloma oli alkamassa sopivasti. Vapaalla voisin olla miten hirveillä hiuksilla tahansa.

Kamerunilaiskaverini värkkäsi letit lyhyeen tukkaani. Minulle kasvoi yhdessä yössä pitkä ja paksu tukka. Tulos oli näyttävä ellei jopa vaikuttava. Päät kääntyivät työpaikalla. Afro-tyyli viehätti itseänikin. Letit voi jättää valloilleen, sitoa nutturalle tai poninhännälle, niin kuin minä enimmäkseen teen. Talvella pipo voi olla tiukka, mutta kampaus ei kärsi, ja vanhentunutkin lettitukka on parempi kuin oma alkuperäinen.

Afrikkalaisvaikutelma voi näyttää suomalaisnupissa päälle liimatulta, mutta letit istuvat minulle. Letit sopivat pirtaani myös helppohoitoisuutensa vuoksi. Näyttävyyden ohella kätevyys painaa vaakakupissa. Permanentteja tai pehmennyksiä, kohotuksia, kiharruksia tai föönauksia ei tarvita. Nyt minulla on yli 20 kerran lettikokemus. Mottoni on: Pese ja pidä!

Vaivatta afro-letit, joita sanotaan myös rastoiksi, eivät synny. Letitys on tuntien istunto, eikä kovin rentouttava. Omasta tukasta jaotellaan pienenpieniä hiustupsuja, joihin letitetään keinohiusta. Päänahka on kovilla, kun letittäjä lajittelee hiussaarekkeita ja liittää keinosuortuvat niihin tiukasti. Yleensä tehdään kapeita tai ohuita lettejä. Päänahan viipalointi neliösentin kokoisiin ruutuihin, keinokutrien kiinnitys hiusten tyveen ja itse letitys ottavat aikansa. Lettien tiheys ja pituus vaikuttavat ajankulumiseen.

Lopuksi lettien päät pitää sulkea kestävästi, etteivät suortuvat löysty ja tipu ennen aikojaan. Lettien latvoja uitetaan tulikuumassa vedessä niin, että muoviaines sulaa vähän ja kuivuessaan kovettuu. Näin letit pysyvät ummessa. Sinetöinnin voi myös tehdä myös palavalla sytkärillä, mutta lopputulos on karheampi, mikä on hupaa puseroille ja jakuille. Pari suosikki vaatekappaletta on mennyt pilalle poltettujen lettien takia. Muutamilla hiuskarvoillakin letin voi solmia ja näin estää purkaantumisen. Tätä metodia käytetään silloin, kun keinoaine on kiharaa ja lopputuloskin kiharainen.

Elo lettien kanssa ei ole aivan vaivatonta. Joskus letit ovat liian suureellisia. Pariin otteeseen olen ollut seota uuteen leijonanharjaan ja kuontalon kiinnittäminen poninhännälle on onnistunut vain ähräämällä. Hiusten hallinnan työläys hellittää vähitellen luonnollista latuaan. Kun löyhimmät letit karisevat, palmikoiden paksuus ja paino hupenee, ja tukka tulee kantajalleen kestettävämmäksi.

Kestoaihe työmaakeskusteluissa ja puolituttujen kanssa on edelleen, miten pesen pääni. Toistakymmentä vuotta olen toistaiseksi jaksanut selittää, että pesen pääni niin kuin yleensäkin. Kastelen tukan, laitan shampoota päähän, hieroskelen päänahkaa – nyt lettien lomitse tai läpi – ja hiusaines puhdistuu siinä kylkiäisinä. Raskaampi lettitukka on märkänä käsitellä kuin oma hiirenhäntä, mutta sekin riippuu enemmän hiuslaadusta ja tukan pituudesta. Työläintä tukanpesuoperaatiossa on kuivaaminen. Letit tuntuvat nielevän vettä pesusienien lailla. Lettejä saa tuulettaa sähköpuhaltimen lämmöllä pitkään ja moneen otteeseen, muuten kuontalo on kostea aamullakin ja tyyny kannattaa jättää tuulettumaan päiväksi.

Kamerunilaiskaverini ovat laatineet minulle letit useimmiten, mutta paikallisten asiantuntemusta on hyödynnetty ulkomaan matkoilla. Kamerunin käynnillä sikäläiset letit teetettiin meille kaikille suomalaisleideille: Paulinelle, tyttärelleen ja minulle. Afrikkalaistuttavieni tietämä togolaisnainen letitti minulle aikatukan vuosia sitten Sveitsissä. Kun olin Kongossa paikanpäällä, uudet professionaalit letit piti saada, sillä kongolaiset ovat tunnettuja letitystaidoistaan. Paulinen mukaan letityskulttuuri on peräisin juuri Kongosta. Letit sain, mutta kaikki ei käynyt kädenkäänteessä.

Majapaikan kadunpuolella oli putiikki, jossa myytiin hiustarpeita ja annettiin parturi-kampaajan palveluksia. Miesten hiusten leikkaus näytti sujuvan ulkosalla kadunvarressa, mutta mundelen letit vaativat alustavan tapaamisen. Siitä oli sovittu emäntämme tunteman letittäjän, luultavasti palkollisen kanssa. Letittäjätyttö esitti tapaamisajaksi kello seitsemää lauantaina. Hyväksyin ajan, vaikka se kuulosti aikaiselta. Kun tyttö tulisi työpaikalleen puotiin, kömpisin vain pehkuistani näytille, mikäs ongelma tuo minulle olisi. Letittäjä voisi hiplata mundelen hiuslaadun ja arvioida tarvitsemansa arsenaalin.

Kuten olin arvellut, kello seitsemän lauantaiaamuna oli kunnianhimoinen yritys. Tyttö ei ollut tullut kello yhdeksään mennessä, joten läksimme asioillemme Richardin kanssa. Kun palasimme kaupungilta, letittäjä oli saapunut ja teki tarvitsemansa tarkastelut. Sain ohjeeksi pestä hiukset ennen maanantain letitystä. Letityksen alkuajaksi sovittiin aamunpuoli, tarkemmin sanottuna kello 11. Olin optimistinen, odotin letittäjää saapuvaksi noin kello 13.

Maanantai avautui pilvisenä ja sateisena. Se oli koko oleskeluni ainoa koleahko päivä. Piti panna ihan farkut jalkaan! Letittäjää vaan ei kuulunut. Ei voinut kehittää muutakaan aktiviteettia, kun letit olivat pääasia. Ne oli saatava päähän. En kehtaa esiintyä omilla hiirenhiuksillani kotikartanoa kauempana. Letittäjä tuli kuin tulikin, tuntikausia myöhässä.

Olen tullut vanhemmiten rohkeammaksi protestoimaan, jos olen joutunut epäoikeudenmukaisuuden uhriksi tai lievemminkin, jos sovitut seikat eivät ole pitäneet. Minulla oli mielestäni perustetta moitiskella letittäjää. Hän tuli tuntikaupalla myöhässä, ilmoittamatta mitään esinaiselleen ja mundele joutui odottamaan toimettomana nelisnurkkaisessa.

Letittäjätyttö ei tietenkään pitänyt saamastaan ja luonnollisesti epäreiluksi kokemastaan palautteesta. Arvelin, että nyt saattaa seurata tavallista kovakouraisempi käsittely. Kaverini on melko krouvikätinen letityksessään, mutta pelkäsin pahempaa: kivuliasta kohtelua kostoksi. Kamerunin letittäjätytötkin, jotka tiedettiin hyviksi lajissaan, olivat tiukkasormisia. Parhaimmillaan tai pahimmillaan kolme naista oli siellä pääkoppani kimpussa. Se oli melkomoista erisuuntiin nykimistä.

Kinshasassa ilmeni, että minäkin olin mokannut. Olin pessyt tukan edellisiltana, mutta tyttö oli tarkoittanut, että hiukset on pestävä – sen jälkeen, kun vanhat letit on purettu pois. Pahoittelin:

- Excusez-moi!

En ollut ymmärtänyt ohjeita surkuranskallani, enkä käsittänyt kokonaisuutta lettiamatöörinä. Tietääkseni vanhemmat eivät anele anteeksi nuoremmiltaan afrikkalaiskulttuureissa. Nuoremmat ottavat vastaan sen, mikä vanhemmilta tulee, vaikka kaikki ei olisi reilua. Mundele ei käyttäytynyt totuttuun tapaan, ulkomaalainen kun oli. Harvoin anteeksipyyntö kimpoaa bumerangina takaisin, ei nytkään.

Letitys alkoi entisten lettien purkamisella. Bodyguard pääsi talkoisiin mukaan. Kolmekymppinen kongolaismies purki kiltisti mundelen päästä Suomessa tehtyjä lettejä. Hän ei ennen ollut moiseen hommaan osallistunut. Mutta hätä ei lue lakia tai kiire tässä tapauksessa. Kongossa ei kiirettä tunnettane varsinaisesti, mutta tässä olikin kyse kalpean kiireestä.

Hämmästyin tytön taitavuutta. Hiusten lajittelu, letin aloitus ja itse letitys ei tehnyt lainkaan kipeää! En tiedä, auttoiko asiaa se, että osasin pahoitella omaa toimintaani vai toimiko tyttö luonnostaan helläkätisesti. Kaiken kukkuraksi hänellä oli käytössä vain viraabelivälineet, pelkät sakset. Minkäänlaista kampaa ei ollut, saati letitykseen sopivaa. Jälki oli silti hyvää, käsittely pehmeää ja ripeää.

- Merci beaucoup! Olisin maksanut enemmän, jos olisit tullut ajoissa, sanoin, kun tuli valmista. Maksoin silti yli sovitun taksan, olihan lauantai ja viikonloppu. Kustannus oli kuitenkin Suomen hintoihin verrattuna erittäin edullinen.

40. Leningit

Kaverini kaimasiskot tölmähtivät talollemme upeat kankaat mukanaan. Brazzavillen sisko oli ostanut kellanruskeaa, okransävyistä kangasta, jossa oli eläinkuvioita, onnea tuovia elefantteja ainakin. Kinshasan sisko oli ostanut vaalean viininpunaista kangasta, jossa oli afrikkalaistyylisiä naisfiguureja askareissaan. Kankaat olivat tavattoman hienot. Mundele oli ihan ihastuksissaan.

Kankaidenhankintaa seurasi ompelu. Läksimme liikkeelle luonnollisesti porukalla. Ensin mentiin miesten räätäliin, sillä sieltä tilattiin Richardille ja hänen Suomessa kotona olevalle pojalleen kongolaisasut, kankaat olivat siskotytöiltä nekin. Yllättäen räätäli antoi ottaa kuvan työstään ahtaassa kojussa. Ompelimo vaikutti kioskilta, mutta useita ihmisiä siinä oli töissä.

Kierros jatkui naisten vaateompelimoon. Mundele sai käsiinsä isot kansiot, mallikuvastot, joista sai valita mieleisensä pukumallin. Se ei ollut helppoa. Moni puku oli kuvassa hyvännäköinen, mutta mundelen piti ottaa huomioon vartalonsa puutteellisuudet. Pääsimme yhteisymmärrykseen sisarusten kanssa. Toisesta puvusta tulisi pusero ja lyhyt hame. Toisesta kankaasta tulisi pitempihelmainen asu, jossa ylä- ja alaosa olisivat myös erilliset. Mirellen ompelimossa oli ahdasta, mutta niin vain mitat otettiin. Siellä oli töissä pari muutakin tekstiilitaitajaa maman Mirellen lisäksi, joka on sisarusten luotto-ompelija.

Valmiit puvut saapuivat parin päivän päästä: kaverilleni miesten vapaa-ajan asu sopi hyvin. Mutta mundele-parka oli taas kerran tulkittu kokoaan pienemmäksi – otetuista mitoista huolimatta. Pitempi hame mahtui päälle, mutta jakku ei ollenkaan! Harmi, niin kaunis kangas ja malli. Lyhyt hame oli aivan liian tiukka. Pusero-osa meni päälle vaivoin, ja litisti mundelen rintavarustuksen littanaksi. Harmien harmi – siskoillekin, kun olivat hankkineet niin upeat kankaat ja maksaneet pukujen ompelun. Suomeen paluumme oli niin lähellä, että emme ehtineet suurennuttaa pukuja. Sovimme, että äitini isontaa asut kotiin palattuani. Äiti on nähnyt molemmat puvut, luokitellut hienoiksi ja todennut entraamisen hankalaksi. Puvut ovat käyttämättöminä edelleen, sillä äidin heikentynyt näkö estää ompelutyöt. Asut odottavat vanhassa matkalaukussani energian päivää, jolloin kiikutan ne jollekulle ompelijalle. Olen ottanut jo pari nimeä muistiin.. Tai annan puvut ystäväperheen tyttärelle. Hänen tätiensä ansiota puvut ovat ja voisivat kohta sopia tytölle, jonka kengännumero on ohittanut jo omani.

Mundelen kaimasisko toimi suoraviivaisemmin. Hän kysyi eurooppalaisen naistenvaatekokoni. Kerroin ylä- ja alaosan kokonumerot, sillä mundele ei ole aivan sopusuhtainen. Parin päivän päästä sain viininpuna-valko-ruskea –kuvioisen kauniisti laskeutuvan, kellottuvan tunikan ja samasta kankaasta polvipituisen hameen. Ei ollut löysää missään, eikä kiristänyt mistään!

XI. TOTEUTUMATTOMAT TOIVEET

41. Kongo-joki

Pidän paljon isoista vesistä – ellen jopa rakasta niitä. Lavea järven-selkä on upea aina, aavasta merestä puhumattakaan, tiukan tullen pienempikin lutakko käy. Selitän veden tarvettani suomalaisuudella. Olen kotoisin tuhansien järvien maasta ja kaiken kukkuraksi saaresta. Käynti kotikylästä lähimpään kaupunkiin kulkee edelleen lossin avulla. Olen unissani usein lossiväylällä veden varassa pulikoimassa, eikä minulla koskaan ole mitään hätää.

Kinshasassa esitin toiveen, että minut vietäisiin Kongo-joelle katselemaan avautuvaa maisemaa. Tuntui, että sikäläinen maailma aukenisi, kun joen näkisi. Kongo-joki on yksi Afrikan isoimmista ja se jakaa kaksi Kongoa omiksi valtioikseen. Halusin silmäillä Kinshasan puolelta Brazzavilleen ja antaa faktatiedon, mielikuvituksen sekä tunteiden viedä tajunnanvirtaani. Laivamatka Kongo-joella olisi vielä muuta toista, mutta ensiedellytys olisi nähdä kuulu virta.

- Kongo-joki näkyy! autonkuljettaja huikkasi turistille konsulaatissa käyntireissulla jossain kadunkulmassa.

Olisin katsonut nenä vielä pitempänä, jos tiesin, että tuo jäi ainoaksi silmäykseksi Kongo-joelle! Siellä se kimalteli siniharmaana, leveänä ja vuolaana. Voi olla, että mundelen mielikuvitus panee näkymää paremmaksi kuin se olikaan. En tänä päivänä tiedä, miksi mielestäni kohtuullista toivettani ei toteutettu. Bodyguard otti ehdotukseni kohteliaasti vastaan, mutta toteutus jäi uupumaan.

Asia tuskin olisi valjennut kysymällä, joten tyydyin kaavailemaan selityksiä itse mielessäni. Olisiko jokisatamassa tai -rannassa ollut vaarallista? Kongo-joen partailla valkoihoinen voi olla harvinainen näky ja merkitä paikallisten silmissä huomattavaa varallisuutta, joka voi aiheuttaa kiusauksen taskuvarkauteen, ellei mittavampaan ryöstömanööveriin. Toinen mahdollinen syy toiveeni toteutumattomuuteen saattaa olla Kinshasan kuuluisa liikenne.

- Transport, c'est le problème!

Kuulin monen monituista kertaa eri suista valitusta liikkumisesta ja liikennejärjestelyistä. Logistiikka oli heikoissa kantimissa Kongon pääkaupungissa, olipa kyse asioiden, tavaroiden tai ihmisten siirtämisestä paikasta toiseen. Kolmas luonnollinen selitys Kongon partaalla käymättömyyteen voi olla inhimillinen tekijä. Bodyguard halusi näyttää minulle ehkä juuri sen, mitä Hän halusi. Tiedä häntä.

42. Hautausmaa

Kotikylässäni oli ja on edelleen hautausmaa, kirkonkylällä on toinen kaikille muille kuntalaisille. Sanokoot Freud ja kumppanit mitä tahansa, mutta minä pidän paljon hautausmaista – ellen jopa rakasta niitä. Kuolemasta en nyt puhu. Suomessa on antoisaa ja rauhoittavaa katsella hautausmaita, lukea nimiä ja ikiä hautakivistä ja antaa ajatusten liikkua. Hautausmaat ovat erilaisia ulkomailla ja kertovat omalla tavallaan paikallisesta kulttuurista.

Perheenjäseniä oli haudattu talon pihapiiriin Kamerunissa maaseudulla. Niin ei tehtäne kaupungeissa. Kinshasan kartasta bongasin hautuumaan ja osoitin kohtaa "turvamiehelleni". Juu, paikka oli muka kiinnostava, mutta näkemättä se mundelelta jäi. En tiedä, eikö bodyguard osannut lukea karttaa vai olisiko reitti ollut liian työläs – todennäköisesti olisi, sillä kaikki muutkin matkat Kinshasassa olivat kinkkisiä.

Vai oliko kohde outo ja pelottava tai sopimaton matkaajalle näytettäväksi? Bodyguard on harras uskovainen, protestantti, kuten hän ilmoitti. Voi olla, että hautausmaalla näkyy merkkejä alkuperäisuskonnoista, eikä bodyguard halunnut esitellä niitä. Afrikan maissa on synkretistejä, jotka sovittavat kristinuskon ja perinteisen luonnonuskonnon ongelmitta yhteen. Bodyguard on erittäin Eurooppaan suuntautunut, joten voin kuvitella, että animistiset esineet, tavat ja vainajien henkien perinteinen muistaminen eivät sopineet hänen repertuaariinsa. Nyt voin vain kuvitella, että Kinshasan hautuumaalla yhdistyvät vanha ja uudempi uskonto.

- Afrikassa on 50 % kristittyjä, 50 % muslimeja ja 100 % animisteja, olen kuullut sanottavan.

Monilla sikäläisillä nimetkin ovat kombinaatioita: on perinteinen kongolainen etunimi ja länsimaalainen, usein ranskalaistyyppinen etunimi, joista jompikumpi on kutsumanimenä. Sukunimet tuntuivat olevan perinteisiä. Ne eivät kuulostaneet ainakaan mundelesta belgialaisilta, ranskalaisilta tai läntisiltä. Entisen itsevaltiaan Mobutu Sese Sekon aikana piti kuulemma käyttää perinteisiä nimiä. Tuntemillani kongolaisilla saattaa olla kolme nimeä, joita käytetään eri tilanteissa. Yhtä nimeä käytettiin Mobutun aikaan ja se on siten leimautunut viralliseksi nimeksi. Toista nimeä käytetään perhepiirissä: sitä, jonka vanhemmat ovat lapselleen valinneet. Kolmas nimi saattaa olla kutsumanimenä Euroopassa. Näistä on tullut mundelelle päänvaivaa. Aina en ole osannut käyttää tilanteeseen sopivaa nimeä ja isompia ja pienempiä probleemeja on tullut setvittäviksi.

Kun olin rantautunut Kinshasaan, Richard, joka on maltillinen mies ja selkeä sanoissaan, yritti valaista minulle kongolaista kulttuuria ja ajattelutapaa eri puolilta.

- Sinun on vaikea, ehkä mahdoton ymmärtää, mutta sinun on hyvä tietää, hän lohdutti.

Niin oli. En ymmärtänyt kaikkea, kaikkea en hyväksynyt, mutta oli hyvä kuulla. Ja tänä päivänä en tiedä, miksi mundelen ei suotu nähdä sikäläisten viimeisiä leposijoja.

43. Eläintarha ja kasvitieteellinen puutarha

En erityisemmin pidä eläintarhoista, kasveista taas en tiedä paljoakaan. Eläintarhaus on eläimiä ajatellen jonkin verran arveluttavaa. Tiedä sitten, onko eläinten parempi elää luonnossa vai tarhattuna. Luonto on luonnollinen paikka, mutta siellä henki on hupaa. Vaaroja on vähemmän tarhassa, mutta vapaus puuttuu. Eläintarhat on tehty ihmisiä varten, sinne on kätevä ja vaaraton mennä ihmettelemään villieläimiä. Eläimiä näkee luonnollisessa ympäristössään järjestetyillä safareilla, ja turvallisesti auton lasin takaa. Kongon itäosissa elää harvinaisia vuorigorilloja, mutta sinne ei tehtäne safareja. Gorillat saavat olla turisteilta rauhassa, mutta alueen kaivos- ja sotatoimet piinaavat ja verottavat niitä. Maallikkona eläimet kiinnostavat minua kasveja enemmän, joskus saan riemunroihahduksen tai liikutuksenläikähdyksen jostain näyttävästä tai hennosta kasvistakin.

Oppikoulussa olin ensimmäistä vuosikertaa, jonka ei tarvinnut kerätä kasveja, joten en oppinut niitä tuntemaan. Olin helpottunut aikoinaan, nyttemmin olen harmitellut. Kouluopilla Afrikan maiden kasveja tuskin tunnistaisi, mutta ponnistuspohja olisi avuksi. Kamerunissa Yaounden majatalomme suuressa rehevässä puutarhassakin

kasvoi vaikka mitä: hyötypensaiden tai –puiden lisäksi myös koriste-
kasveja. Kinshasassa en nähnyt luonnon-, leikko- tai ruukkukukkia.
En rohjennut kysyä, miksi eläviä kukkia ei ole missään, kun olin saa-
nut lahjaksi tekokukat minäkin.

Kinshasan papaijapuu hedelmineen. Samanlaisia olivat papaijat
Kamerunissakin.

Kinshasassa oli erilaisia vihreitä kasveja, pensaita ja puita. Tutunnäköisiä palmuja näin, mutten muista tai tiedä nimiä. Osa rehotti voimissaan vihreinä, osa kärvisteli kuivissaan ja rusketti lehviään. Tunnistin papaijapuun Kamerunin opin perusteella.

- Mitä mundele kuvaat? jo tuli tiukka kysymys, kun otin yhdestä papaijaryppäästä kuvan.

Herkullista mangustan-hedelmää tuottava puu jäi opiskelematta. Parhaiten tutustuin maissiin. Sitä kasvoi runsaasti majapaikkamme lähistöllä, muun muassa ainokaisen junaradan varrella ja sitä käytettiin runsaasti ruuanlaitossa ja elintarvikkeena. Voi voi, mundelea: minne unohtuivat mango, jamssi, maniokki ja safou? Ainakin safou-puu tai –pensas olisi pitänyt nähdä, sillä safoua tuli syötyä jo ensimmäisellä Afrikan matkalla!

Söin kalaa harva se päivä Kinshasassa, mutta yhtään kalalajia en oppinut tietämään. Kalalajit ovat vaikeita vähänkin vajaalla ranskalla selviteltäviksi, meistä kukaan ei puhunut ranskaa äidinkielenään.

- Barracuda, olisi ollut todennäköinen vastaus, sillä sitä elää ainakin Länsi-Afrikan vesissä ja se on yleinen kala siellä myös lautasella.

Afrikan matkoillani lähimmäs luontoa pääsin Kamerunissa Dschangin liepeillä, kun poikkesimme maalla sukutalon pihapiirissä, mutta pelloille tai metsiin ei menty. Huimin luontoelämykseni osui Yaoundeen johtavalle tielle. Kuski ajoi kovaa kyytiä, näki jotain turisteille näytettävää, teki U-käännöksen – ja siinä se oli: valtava, komea, kuollut käärme. Poikaset olivat päästäneet sen päiviltä viidakkoveitsellä juuri kun käärme oli hotkaissut ison suupalan kitaansa ja möhötti lähes liikuntakyvyttömänä. Pojat möivät päätöntä käärmettä ruuaksi.

Minä tyydyin hoitamaan käärmekammoani ihailemalla ensin matkan päästä kaunista nahkaa, ja rohkaistuttuani koskettamalla sitä. En muista tuntemuksia, muuta kuin sen, että käärme ei ollut enää vaaraksi kenellekään.

Kerroin bodyguardille eläin- ja kasvitarhakiinnostukseni. Hän myötäili, tapansa mukaan. Tutkimme karttaa yksissä tuumin, eläin- ja kasvitarhat olisi voinut katsastaa samalla reissulla. Bodyguard oli käynyt koulunsa, mutta ymmärsikö hän kartan päälle, ainakin hän vaikutti ymmärtävän. Olen tavannut Suomessa afrikkalaisia, jotka eivät osaa lukea karttaa, sillä sitä ei ole opetettu koulussa. Tämä on ymmärrettävää sikäli, että Afrikan isoissakaan kaupungeissa ei ole välttämättä kadunnimiä, eivätkä ne siten ole kartoille otollisia.

Kun Kamerunissa ja Kongossa kartoilla ei ole oikein virkaa, siellä suunnistetaan muilla keinoin. Ensimmäisellä kerralla – saattajan, tuttavan tai taksikuskin kanssa – opetellaan reitti ja sitten se osataan!

Yaoundessa eläintarhakäynnillemme hommattiin kaksi saattajaa. Koska katuja ei ollut nimetty, eikä Pauline eikä autonkuljettaja tiennyt paikkaa, jonkun piti olla neuvomassa reitti. En tiedä, miksi tiennäyttäjiä oli kaksi. Ehkä uteliaisuudesta tai seuran vuoksi, tai varmuuden vuoksi. Sen muistan, että saattajanaiset olivat paikalliseen tapaan ja hyvin pukeutuneet ja sen, että toisella naisella oli kalju pää. Hän oli kuulemma tullut juuri armeijan palveluksesta.

Paikallisleidien opastaessa kuljettajaamme Yaoundessa pääsimme näkemään nisäkkäitä ja hirmuliskoja. Niilin krokotiili vonkaili karsinassaan. Sillä ei ollut turhaa tilaa, vaikka se oli kovin pieni vielä, ehkä reilun metrin mittainen. Silti ei tehnyt yhtään mieli silitellä Niilin perillistä. Kitaa ja leukaperää oli kylliksi, ja hampaita. Hauskin tapaus oli leikkisä apina, kuinkas muuten. Se otti ruttaantuneesta Coca Cola

-purkistaan kaiken ilon irti! Yksinäiseltä serkku näytti laarissaan, ei ollut leikkikaveria eikä riitapukaria, ei äitiä, ei isää. Ja missä olivat kirahvi, leijona, norsu, sarvikuono ja virtahepo – päiväunillako?

Kinshasassa saattoi olla sama ongelma kuin Yaoundessa eläintarhalle osumisessa: tie ei ollut tiedossa. Nyt vaan reittiapua ei pyydetty. Bodyguard ehkä halusi hoitaa oppaan tehtävät täysin omiin nimiin. Ja mundele ei kysynyt: toisaalta hienotunteisuussyistä, todellisuudessa kielitaidottomuuttaan ja älyllistä laiskuuttaan. Niin eläin- kuin kasvitarhatkin jäivät mundelelta ensi kertaan..

44. Klubi ja peli

Istun mukavasti kinshasalaisella klubilla, kuuntelen menevää live-musiikkia, siemailen paikallista hedelmädrinkkiä ja aplodeeraan hyvälle soololle. Tuuletin leyhyttää sopivasti viilennystä. Sitä tarvitaan varsinkin hittibiisin jälkeen, kun olen ollut tanssimassa. Vallan mainion musiikin myötä ihan lantionliike löytyi. Ennakkomielikuva Kinshasan elävän musiikin paikasta oli noin houkutteleva. Maailman maineeseen nousseet vanhan polven kuubalaisartistit olivat muokanneet ennakko-odotuksiani. Myös Kekelen, vanhan kongolaisbändin, laulut olivat soineet korvissani.

Olin napannut joskus umpimähkään kirjastosta esille pannun afrikkalaismusiikkilevyn. Summanmutikassa lainatusta levystä tuli ehdoton suosikkini. Tuntuu aina hienolta, kun ensimmäinen kappale Kekelen CD:ltä alkaa kuulua. Saa olla melko huonot fiilikset, jos kappaleen kauneus, kepeys ja letkeys eivät vie mukanaan. Kauneus ei ole mitäänsanomatonta, kepeys ei ole kevytmielistä, eikä letkeys löysää. Kappale vaan toimii lauluineen ja soittoineen, niin kuin musiikki parhaimmillaan tekee. Kekelen levy on pitänyt pintansa mundelen mielilevynä jo vuosia.

Ajattelin ennakkoon, että Kinshasassa olisi hauska ja paikallaan päästä käymään jollain elävän musiikin klubilla. Olin varma, että pitäisin musiikista, vaikkeivät Kekele eikä Buena Vista Social Club siellä soisikaan. Musiikki on muuttunut Kongossakin, mutta pidän myös nykyisestä Koffi Olomidestä. Koffin sain korvan taa vuosia sitten kongolaishäissä Lausannessa, tosin suomalainen olutmerkki auttoi muistamisessa. Muistinvirkistystä on tullut ystävieni luonakin. Richard katselee Koffin musiikkivideoita rentoutuessaan kotona Suomessa. Hänellä soitot soivat myös autossa.

Vaikka minulla oli elävän musiikin toiveita Kinshasassa, en alkanut vängätä kuuntelemaan musiikkia, kun se ei luontaisesti noussut esiin. Richard oli käynyt kaveriporukassa tarpeekseen musiikkiklubeilla ensimmäisten kotikaupunkiviikkojen aikana. Hän oli löytänyt Kinshasasta kouluaikojen kolme parasta ystäväänsä. Kun mundele oli mukana, pääpaino oli perheenjäsenten kanssa yhdessäolossa. Edelleen Richard liikkui jonkin verran myös kavereidensa kanssa, mutta nyt tapaamisaiheet olivat toisenlaiset. Erästä iltaa he viettivät yhdessä muistellen, sillä jonkun vanhan ystävän vaimo oli kuollut.

Niin jäi live-musiikki Kinshasassa haaveeksi. Kongolaisartisteja on paljon, mutta mundelelle oli tallentunut vain Kekele ja Koffi. Kinshasassa musiikillinen tietämykseni ei kehittynyt kuin Werrasonin verran, ja hänen musiikkinsa on vieläkin kunnolla kuulematta. Youtubea en ota lukuun.

Suomessa pystyy sentään vähän puutteita paikkaamaan. Mundele kunnostautui menemällä kuuntelemaan Benda Bililiä Helsingin juhlaviikoilla. Lasipalatsin aukiolla näytettiin ensin dokumenttielokuva poliovammaisista kinshasalaismuusikoista. Olin umpiuuvuksissa työviikon jälkeen, mutta dokumentti oli niin aseistariisuva, että väsymys haipui. Elokuvan jälkeen oli selvää, että menen katsomaan orkesteria "livenä" Huvilatelttaan. Niin tein, vaikka en saanut ketään seurakseni. Orkesterin uskomaton menetystarinansa oli liikuttanut. Vammaisilla on Kongossa vähintään tuplasti hankalampaa kuin terveillä. Alun alkaen bändin jäsenet olivat suunnilleen kadulla eläviä vammaisia ja muusikoita. He perustivat yhtyeen, jonka sinnikkyys ja sattuma nosti Euroopan estradeille. Pidän heidän musiikistaan, Benda Bilili soi ahkerasti CD:ltä soittopelissäni.

Samoin kuin toiveen elävästä musiikista jätin jalkapallopelin mainitsematta. Asia käväisi mielessä usein, kun ajelimme futisstadionin ohi – ja varsinkin silloin, kun kyläilimme bodyguardin ystävän kodissa, josta isäntä itse oli katsomassa jalkapalloa stadikalla. Aiemmin en ymmärtänyt jalkapallon merkitystä. Kavereideni myötä olen alkanut käsittää, kuinka globaali peli se on. Miespuolisilla on se etu, että menevätpä he minne tahansa maapalolla aina löytyy porukka, johon voi mennä potkimaan palloa. Olisipa nuorena opiskelijatyttönä ollut samoin, yksinäisyys olisi hoitunut huomaamatta. Jos olisin nykyiselläni Kinshasassa, saisin ainakin sanotuksi ääneen, että futismatsi kelpaisi enemmän kuin hyvin mundelen ohjelmaan!

XII. HYVÄSTI

45. Lähdönlaittoa

Vaikka aikaa oli kulunut paljon odotteluun, viikot hulahtivat nopeasti. Oli aika pakata kapsäkkinsä, mikä olikin manööveri. Bodyguard olisi pannut matkalaukkuun lahjaksi saamani keraamisen leilin, jossa oli hentoja koristeita ulokkeina. Olin eri mieltä ja onnekseni pidin pääni. Kotona huomasin, että leili koristeineen olisi mennyt rikki ruumassa. Se kärsi käsimatkapakaasissakin, mutta pärjää parvekkeellani hyvin. Leili joutui nopeasti parvekkeen pakkaseen, kun olohuoneessani alkoi leijailla pikkuhyttysiä. Tiedä vaikka olisivat olleet malarian tai denguekuumeen välittäjiä!

Richard oli innokkaana totuttuun tapaan työntämässä Suomeen meneviä ostoksiaan minun matkalaukkuihini. Tiesin jo, että tämä kuului YYA-sopimukseemme. Richardin kanssa en pystynyt pitämään pintaani, niinpä havaitsin Helsingissä, että hiusrasvapurkit olivat fuskanneet ruskeaa tahmaa laukkuuni. Vaatteet ja kirjat olivat sentään säästyneet ryvettymiseltä.. Samoin toimi rouva, matkoilta palatessa en saanut itse hallinnoida matkakassejani, vaan Pauline täytti ne oman näkemyksensä mukaan. Paulinelta saatoin saada vielä moitteet omista pakkausyrityksistäni, kun olin pakannut puhtaita ja likaisia vaatteita sekaisin. Ei fiksua, ei, mutta ei sekään, että hän pakkasi kengät – kaiken maailman kaduilla kävelytetyt – leninkien ja puseroiden joukkoon ilman minkäänlaista suojusta.

Air Francella oli tyylinä, että matkatavarat vietiin lähtöpäivänä ennakkoon Air Francen toimistolle. Siellä oli omat kiemuransa kierrettäväksi. Olin Richardille taas vaimo, että asiat etenisivät sutjakkaasti. Bodyguard ei olisi paikallisena ei-matkustavana päässyt samoihin tiloihin jonottamaan, seisoskelemaan ja seurustelemaan kanssamme, joten hän nokkelana nuorena miehenä kokeili konstia:

- Serkku on lähdössä Air Francen koneella ja vaimoni on lähdössä serkun mukana, bodyguard oli perustellut ja onnistui pääsemään seuraamme. Nauroimme makeasti bodyguardin kikalle, olin yht'äkkiä kahden miehen vaimo. Naisten moniavioisuus taitaa tosiasiassa olla harvinaista Kongossa.

Miesten moniavioisuudesta mundele kuuli itselleen uuden ilmentymän Kinshasassa. Minulle selvisi vähitellen, miksi Richard oli esitellyt tuloiltanani Pariisin miehen vaimon vasta vaimon pyynnöstä. Hän ei jättänyt esittelyä paheksuntaansa vaan siksi, että ei löytänyt heti sopivia titteleitä esittelynsä raameiksi. Richard kertoi myöhemmin, että mies on perheellinen Pariisissa, mutta liikeasioiden takia Kinshasassa oleskellessaan hänellä on paikallinen nuori naisystävä. Kinshasan avovaimo tietää tilanteen, mutta Pariisin virallinen vaimo ei tietäne – tosin miehensä ja vanhan paikalliskulttuurin tuntien hän saattaa hyvinkin olla tilanteen tasalla. Mundele on vaan niin sinisilmäinen isosta iästään huolimatta, ettei hoksannut. Tällaiset maailman metkut ovat tavallisia varmasti monilla länsimaalaisillakin paljon liikkuvilla. Joku afrikkalaistuttavistani sanoi kerran, että Euroopassa on myös moniavioisuutta. Hän ei tarkoittanut samanaikaisia suhteita, vaan toinen toistaan seuraavia peräkkäisiä seurusteluja ja liittoja.

Minun korvilleni kysymyksiä suhteesta Richardiin ei esitetty, mutta hän oli joutunut useamman kerran selittämään, että tällainen matkailu on mahdollista. Hänellä oli Suomessa vaimo, joka oli ystäväni, ja vaimon täydellä suostumuksella olimme liikkeellä.

- Me olemme me, mutta he eivät sitä tiedä, kuittasin, kun Richard kertoi ihmettelyistä minulle.

Kinshasassa matkatavaroiden luovutuksen jälkeen ei voinut tehdä muuta kuin olla ja odottaa. Se oli vapauttavaa. Autonkuljettaja ajoi meidät jälleen citystä tavallisten kaupunkilaisten keskustaan. Istuimme lähibaarissa porukalla ja odottelimme lentomme lähtöä. Melkein kaikki sisarukset ja maman Charlotte olivat mukana. Bodyguard oli saanut Richardin vanhoja vaatteita ja pukeni ne heti ylleen, itse asiassa minun huoneessani majatalolla. Muistan yksityiskohdan, koska olin tullut epähuomiossa lukinneeksi hänet huoneeseeni. Maman nauroi mundelen miehenpidolle, kun kuuli pojat toistuvat kolkutukset, joita minä en älynnyt lainkaan.

Bodyguard hauskutti yleisöä myös terassilla, ja ilman alkoholin vaikutusta. Kun Richard lähestyi baaria hetkisen muiden perästä, bodyguard toivotti hänet ei-tervetulleeksi. Siihen asti bodyguard oli saanut olla Euroopan kävijä eurooppalaisvaatteissaan. Nyt kun matkakumppanini saapui, bodyguardin gloria oli mennyttä. Richard oli eurooppalaisista eurooppalaisin trendikkäine vetimineen, näyttävine koruineen ja muodikkaine aurinkolaseineen. Sisarukset näyttivät pitävän bodyguardin jutuista. Hänellä oli kekseliäisyyttä ja sana hallussa. Minä lingalaa ymmärtämättömänä tulkitsin tilanteita viiveellä sivusta tai selitysten kera, kun muiden riemu oli jo seuraavassa asiassa.

Kun kentälle lähdön hetki koitti, ilo muuttui ikäväksi. Brazzavillen sisko itki isosti, Kinshasan kaimansa murehti maltillisemmin. Veljet olivat ulkoisesti tyyniä, mutta myös he tiesivät, että isoveljen seuraavaan tapaamiseen menisi paljon aikaa. Kuten hyvästellessä on tapana, vilkutimme autosta niin kauan kuin näköyhteys oli. Äiti, Angolan veli ja bodyguard lähtivät lentokentälle asti saattamaan.

Kipitimme kentällä käsikasseinemme passit ja lentoliput hyppysissä tarkastukseen. Saatoimme hyvästellä enää lasiseinän välityksellä, joten kiittämiset, toivotukset ja muut sanomiset olivat turhia. Kaverini näytti suutelevan perheenjäseniään lasin läpi. Minä en tiennyt, miten menetellä. Pitikö suukottaa poskea kohti vai suuta? Jotenkin pussailin lasia jokaisen kolmen saattajan kohdalla, mutta lasin suukottelu ei tuntunut hyvältä, jäi kumman nolo ja tyhjä olo. Muuta ei voinut, kuin heiluttaa "hei heit" kädellä ja lähteä konetta kohti.

Ei-kenenkään-maalta ostin viimeisiä tuliaisia, Richardin perheelle ja omalleni. Shoppailu oli ollut niin hikistä Kinshasassa, että hankinnat olivat jääneet taka-alalle. Illan pimetessä Air Francen lento kohti Pariisia ja Eurooppaa saattoi alkaa. Katsoin ikkunasta nenä lasissa, niin kauan kuin näin valoja:

- Au revoir, Kinshasa, au revoir!

Air Francen tarjoilu oli tasokas, kuten aina. Maistelimme tarjottavat lievän hämmentyneinä, toisaalta iloisina kotiin pääsemisestä, toisaalta murheellisina lähdöstä. Richardilla tunteet olivat enemmän pinnalla, sillä häneltä jäi Kinshasaan koko sisarussarja ja vanhat vanhemmat, joita hän ei ehkä enää näkisi. Muuta ei ollut tehtävissä kuin sovittaa itsensä penkkiin mahdollisimman otolliseen nukkumasentoon. Iltapala ja pari punaviinilasillista auttoivat unen löytämisessä.

46. Arvon mekin ansaitsemme – myös Kongossa!

En osaa käsittää, mihin perustuu valkoisen miehen ylivalta maailmassa, ainakaan jos asiaa tarkastellaan visuaalisesta näkökulmasta. Aikuistuessani aloin katsella ihmisiä sillä silmällä: Ketkä ovat kauniita ja ketkä vähemmän? Valkoinen mies ja nainen häviävät omalaatuisessa kilpailussani. Myönnän, että musta estetiikka ei napannut minua aluksi, mutta olen harjoittanut katsetta. Olen kehittänyt Superhessun silmäni huippukuntoon ja pisteet menevät 90-prosenttisesti mustan rodun edustajille. Joskus kauneimpia ovat mulatit, tai muuten ympäristössään erikoiset tai poikkeukselliset. Kamerunissa mundele lankautui töllöttäjän rooliin, jäin katsomaan Bangantén kyläpaikan perheenpäätä pitkään. Hänellä oli paitsi hemaisevan sininen kauluspaita myös täysin puhtaan siniset silmät. Ihokin oli tavallista vaaleampi, mutta piirteet olivat afrikkalaiset. Paulinen mukaan hän oli täysin afrikkalainen. Mies oli karismaattisen näköinen erilaisuudessaan ja ehkäpä erilaisuuden korostamisessaan.

Mielestäni mustille ihmisille värit, kuosit ja ulkoasun näyttävyys istuvat paremmin kuin valkoisille. Mundele on tyytyväinen, kun mainostajat hänen lisäkseen ovat huomanneet mustien kauneuden ja valokuvauksellisuuden (tai ainakin potentiaalin ostovoiman). Värilliset ja mustat ovat hyvin esillä mainoslehtisissä ja katumainoksissa jo Suomessakin.

Mustaa kauneutta riitti silmiteltäväksi noin 8-miljoonaisessa Kinshasassa, jossa mundelen luontainen kauneus ei ollut kukkeimmillaan. Olin kalpea talven jäljiltä, eikä varjoissa vietetty aika ruskistanut. En saanut ihailevia katseita, pikemminkin kummastelevia. Aikuiset mittasivat mundelen otsasta varpaisiin ja takaisin. Lapset pysähtyivät suut ammollaan, eikä etenemisen rytmin muutos ja leuan loksahdus johtunut mundele-tädin sievyydestä. Valokuvista huomaan, että näytän surkealta tummaihoisten rinnalla. He näyttävät elinvoimaisilta, mundele vakavasti sairaalta. Mutta miksi ihmissilmän missikisoissa musta jää edelleen neljänneksi?

Mustien toiseus on tosiasia muutoinkin. USAn presidentin vaalien yhteydessä nousi esiin kaikenkattava raamatullinen selitys, miksi maapallomme rodut on asetettu hierarkiaan. Valkonahkat keikkuvat ylinnä, arabit ja muut oliivinsävyiset keskivaiheilla, Afrikan mustat rytistyvät alimmiksi. Miten kalpeat saivat ylivallan? Miksi ihmeessä tummimmat jäivät huutolaisen asemaan? Raamatun selityksen lisäksi muitakin perusteluja lienee, mutta mundelen yleissivistys ei riitä niitä erittelemään.

Kamerunilainen tuttavani, nuori mies ihasteli jotain valkoihoisen keksimää saavutusta pari vuotta sitten. Ajattelin hänen piruilevan tai vähintään viisastelevan. Jäin kuulostelemaan, mokoma taitaa olla tosissaan?

- Kyllä valkoinen mies on viisas, hän siunaili.
- Musta miespä on Chryslerin muotoilija! itse ehätin kehumaan Amerikan autoa, joka on kuin onkin tyylikäs, eikä rapakontakaiseen tapaan ylitursuvan leso.

Julkisuuden afroamerikkalaisilla ja tuntemillani afrikkalaisilla on itseluottamusta ja itsetuntoa paremmin kuin hikiöitten suomalaisilla.

- Mitähän tuo ajattelee Minusta? meidän nauretaan miettivän norsun kohdalla.

Afrikkalaisissa olen havaitsevinani joskus näyttämisenhalua, esimerkiksi moni mies haluaa komean auton. Suomalaismieskin arvostaa kalliita autoja, mutta tyytyy japsikärryyn tai Skodaan, vaikka varaa olisi vähänkäytettyyn Autojen autoonkin. Suomessa lienee vielä vaatimattomuus kaunistaa —ajattelua, tai ainakin viileää järjenkäyttöä. Vai onko kyse siitä, että afrikkalainen ottaa hyvän tai ylellisen annettuna ja suhtautuu siihen suopeasti. Afrikkalaistuttaviltani olen oppinut, että varakkuuteen tai rikkauteen suhtaudutaan Jumalan suomana ja siten hyvänä. Suomessa näkyvää varakkuutta paheksutaan vieläkin, johtuu tämä sitten kateudesta tai vaatimattomuudesta.

Afrikkalainen ei siekaile myöskään nauttia. Olen kuullut heiltä monesti, että elämästä pitää nauttia, sillä huomenna voi olla vainaa. Miksi siis mustat ovat jääneet pallon pahnanpohjimmaisiksi, vaikka itsevarmuus on kohdillaan eikä turhia kainostella? Onko tropiikin helle pehmittänyt heidän toimintatarmoaan? Itse asiassa työnteon rytmissä olisi länsimaalaisille oravanpyörissä piukkuville oppimista. Kongossa ihmiset toimittelivat askareitaan, hoitivat asioitaan, tekivät töitään lähes sietämättömässä lämmössä. Asiat etenevät, mutta ei hötkyillä, muuten hiki virtaa ja voimat uupuvat. Tasaisen rauhallinen tahti on taattu! Itselläni hiki tippasi leuannokasta, kun pakkasin Kinshasassa matkalaukkua, eikä tavaraa ollut tavattomasti. Suomalainen tuskailee kotimaan lyhyitä helteitä.

-   On liian kuuma metsätöihin, on liian kuuma marjametsään, on liian kuuma kasvimaalle, on liian kuuma siivota, on liian kuuma saunoa – on liian kuuma! tuumitaan täällä, mutta näillä perusteilla Kongossa ei voisi tehdä ikinä mitään.

Vai onko valkoinen mies sittenkin kestävämpi tai viisaampi? Onko valkuaisainetta saatu enemmän jo äidin kohtuun? Toisaalta Pohjolassahan meillä pitäisi olla vitamiininpuutosta. Ennen muinoin olikin riisitautia ja keripukkia. Maailman järjestys on mennyt kuitenkin niin, että D-vitamiinivajetta kärsivä kalpea on päässyt vihreämmälle yläoksalle ja proteiinin puutteesta kärsivä tummahipiäinen on jäänyt varjoiselle juurelle.

Pallomme ihmisten arvojärjestys on väärä. Järjestystä ei tarvitse kääntää ympäri, mutta tasa-arvo olisi toivottavaa. Totta on, että epäoikeudenmukaisuudelle ei ole mittaa, ei määrää, mutta jos edes suuressa rotumittakaavassa tasaantuminen tapahtuisi, jospa maailma muuttuisi paremmaksi, tasapuolisemmaksi. Taiteissa ja viihteessä, varsinkin musiikissa ja urheilussa mustat ovat olleet vahvasti esillä pitkään. Aluksi epätasa-arvoisina, nykyisin jo monet maailmantähdistä ovat mustia. Jospa Obamat saisivat säästyä attentaateilta ja pystyisivät antamaan muille värillisille ja värikkäille johtajille esimerkkiä ja turvallisuudentunnetta, että musta ihminen voi tehdä kaikkea sitä, mitä muunkin väriset.

47. Paluu Pohjolaan: kulttuurishokki?

Kun ajelin Helsinki-Vantaan kentältä kotiin, tuntui oudolta. Talvinen maisema oli tuttu ja kauniskin. Oma oloni vain oli erikoinen. Tutut kotoiset talvivaatteet, äidin tekemät pipo ja kintaat, eivät auttaneet. Kyytipoika oli ollut vastassa lentokentällä minun autollani, aivan kuten oli sovittu. Hän oli halannut Afrikan matkaajan tervetulleeksi Suomen talveen. Richard oli jäänyt tulemaan Ruotsin kautta. Minulla oli helpompi paluu, Pariisista Finnairin koneella Helsinkiin. Richard vaihtoi Pariisissa Tukholmaan menevään SAS:n koneeseen. Perhe meni häntä laivalla vastaan. Ja minä menisin heitä kaikkia vastaanottamaan Katajanokalta seuraavana päivänä.

Kotona pyörin olohuoneessa, en osannut tehdä mitään, tarttua mihinkään. Matkalaukut eivät, luonnollisesti, tulleet mukanani Suomeen asti. Kun nimeäni kuulutettiin Seutulan kentällä, arvasin heti, mistä on kyse. Laukut tulivat kotiin pian minun jälkeeni. Ihan kotiovelle ne tuotiin, ei tarvinnut metsästää lentoasemalta tai Finnairin toimistolta. Tuttavan jättimatkalaukusta tuli entinen minun Kinshasan matkallani. Ikävä juttu – ja varsinkin se, että minulla ei ollut tuliaisia laukun omistajalle. Kiitollisuudenvelka on edelleen kirjanpidossani. Tästä kaikesta tuli vähän toimintaa, mutta iltapäivä kotona meni haahuillessa ja iltakin. Tuli mieleen, että koinko kulttuurishokkia nyt näin päin.

Mieli oli vielä matkalla. Kinshasasta tuli joku puhelu ja tekstiviestejä läheteltiin. Illan mittaan ilmoittauduin sukulaisille, ystäville ja läheisille kotiutuneeni kuumasta Kinshasasta. Edes vatsaflunssaa, nuhaa tai yskää en Kinshasassa sairastanut!

- Oletko varmasti kotona Helsingissä? ex-mies tarkasti tekstarilla.
- Kyllä, istun vanhassa kirpparilta ostetussa nojatuolissa omassa olohuoneessa, rauhoitin.
- Menit sitten Kongoon, olit siellä ja nyt tulit takaisin? entinen kollega täsmensi.
- Kyllä, enkä takaa ettenkö mene uudestaan, vastasin.